TOD
KRONE DES LEBENS

Erfahrungen meiner eigenen Nahtoderlebnisse und anschließend als Sterbebegleiterin

Buch

Dieses Buch ist nicht nur für Sterbende, pflegende Angehörige oder andere Personen, welche Menschen begleiten gedacht, sondern für jeden Menschen dem Sterben und Tod wichtig ist. Wer nämlich mit dem Tod vor Augen lebt, lebt bewusster.

Ich erzähle einiges von meinen eigenen Todeserfahrungen, meinen Erfahrungen als Sterbebegleiterin und Sterbeerlebnisse in meiner Familie und mit Freunden.

Sie werden dadurch verstehen, dass das Sterben, das heißt, der Tod ist ganz nahe, keine Angst verursachen muss. Sterben muss nicht unbedingt Angst und Panik auslösen. Das bewusste Sterben kann auch Glücksgefühle hervorrufen.

Ich empfehle auch mein Buch: „Ich helfe Dir Deine Trauer zu lindern" zu lesen, da habe ich einiges über den Tod und das Danach geschrieben, damit ich den Trauernden einen Einblick gebe um dadurch mit der Trauer besser umgehen zu können. Es wäre nicht richtig, es hier nochmals zu wiederholen. Außerdem habe ich die Erfahrung gemacht, wenn man in einer Krise steht, sollte man nicht dicke Wälzer lesen, sondern lieber mehr Bücher mit weniger Seiten.

Ilse Jedlicka
1210 Wien
E-Mail: jedlicka@hausdesfriedens.at
Web: www.hausdesfriedens.at
Februar 2015

Herstellung und Verlag:
BoD – Books on Demand, Norderstedt

ISBN: 9783734765674

Inhalt

- Buch 3
- Vorwort 6
- Meine Vision über Leben und das Danach 7
- Wer sterben lernt, lernt leben 18
- Mal' den Teufel nicht an die Wand 20
- Wenn ich sterbe gehe ich nur nach Hause 22
- Werden wir abgeholt? 27
- Überkonfessionell 32
- Freundin 33
- Kann ein Sterbebegleiter lossprechen? 35
- Blockaden können Angst vorm Tod verursachen 39
- Herausforderung: „Begleiten" 40
- Besuch im Heim oder Krankenhaus 42
- Was ich dir noch sagen wollte 46
- Auferweckung des Lazarus 48
- Der Tod ist eine Geburt 49
- Auferstehung von dem Toten 52
- Mitgefühl statt Mitleid 54
- Sibirien 56
- Begleitung als Lehre 58
- Der Bub 60
- Die Liebe als Therapie 62
- Zu einer Gesellschaft aller Lebensalter 66
- Ratschläge eines Sterbenden an seinen Begleiter 68
- Wenn es soweit sein wird mit mir 71
- Wertschätzender Umgang mit verwirrten Menschen 72
- Über Validation 77
- Altensonntag 79
- Mit Gewalt am Leben erhalten 85
- Euthanasie 86
- Zweieinhalb Wochen Pflegestation 91
- Danke für jedes gute Wort 95
- Autorin 96
- Haben Sie schon meine anderen Bücher gelesen? 97
- Quellennachweis 98

Vorwort

Sterben ist die Krone des Lebens. Sterben ist ein Prozess, den jeder Mensch bis zu einem gewissen Grad selber gestalten kann. Vor vielen Jahren haben wir Unterschriften für eine bessere Schmerztherapie gesammelt. Seither wird bei Sterbenden von Ärzten nicht mehr die Meinung vertreten, von guten Schmerzmitteln wird man abhängig, sondern jeder bekommt nach Bedarf reichlich die richtigen Schmerzmittel, um bis zum Moment des Todes schmerzfrei leben zu können.

Ein schmerzfreies Sterben ermöglicht ein menschenwürdiges Leben bis zuletzt.

Der Tod muss nicht der Schrecken des Lebens sein, sondern er kann liebevoll und zärtlich werden.

Deshalb habe ich von 1995 bis 2014 mindestens einen Artikel ins monatliche Infoblatt der „Arbeitsgemeinschaft Haus des Friedens" gestellt, einige habe ich in diesem Buch eingefügt.

Nun möchte ich beschreiben, weshalb ich mich befugt fühle, Sie im Prozess des Sterbens zu begleiten und zu helfen, Ihnen die Ängste vor dem Tod zu nehmen.

In meiner Jugend wünschte ich mir oft, dass ich den Bauchtyphus, an dem ich mit acht Jahren erkrankt war, nicht überstanden hätte. Die Ärzte meinten damals, wenn ich zwei Stunden später ins Krankenhaus gebracht worden wäre, hätte ich nicht überlebt. Mit sechzehn wurde mir nach zwei Selbstmordversuchen bewusst, dass ich auf einmal Angst vorm Sterben hatte. Das blieb so, bis ich 1988 bei einem Unfall einen Herzstillstand und zwei Nahtoderlebnisse hatte.

Seither habe ich eine Todessehnsucht, bin aber nicht suizidgefährdet. Im Gegenteil, das hat mich im März 1992 bewogen, ehrenamtlich als Sterbe- und Trauerbegleiterin zu dienen. Ich wollte durch mein eigenes Todeserlebnis und der Todessehnsucht, den Sterbenden die Angst vor dem Tod nehmen und den Hinterbliebenen bei der Trauerbewältigung beistehen.

Meine Vision über Leben und das Danach

Bei den Trauergesprächen frage ich oft, was das Schlimmste für den Hinterbliebenen am Tod des Verstorbenen für ihn ist. Meistens bekomme ich zur Antwort: „Ich weiß nicht wie es ihm jetzt geht." Nach dieser Antwort lautet meine nächste Frage: „Was glauben Sie was nach dem Leben kommt?" Manches Mal kommt eine Erklärung doch häufig haben die Gesprächspartner keine Vorstellung. Wenn ich dann von meinen Erlebnissen, Erfahrungen und Vorstellungen erzähle, merke ich eine Erleichterung bei meinen Gesprächspartnern.

Meine Visionen und Vorstellungen über Leben und Tod: Wir Menschen bestehen einerseits aus Körper = Materie. Der Körper als Materie bleibt Materie und wird daher – entschuldigen Sie bitte, aber der treffendste Ausdruck ist „Recycling". Nämlich Asche zu Asche – Staub zu Staub (oder Erde zu Erde). Es ist ganz natürlich und tut nicht weh. Es besteht kein Grund davor Angst zu haben. Ich schreibe in diesem Buch unter: "Der Tod ist eine Geburt." darüber.

Unser Körper hat auch Geist + Seele = Energie, die wir nicht sehen können, aber ohne die wir nicht leben könnten. So wie unsere Erde mit Sauerstoff bzw. Luft umgeben ist, die wir nicht sehen können, aber ohne die wir nicht existieren könnten, so ist wahrscheinlich nicht nur die Erde, sondern das ganze Universum mit Energie umgeben und durchsetzt. Energie bleibt immer und ewig bestehen. Das heißt: das Ich stirbt nicht und vergeht nie.

Wenn wir tot sind, können wir zwar nicht mehr berühren, sehen oder reden. Aber wir können alles wahrnehmen und telepathisch mit den Lebenden kommunizieren. Im Tod schränken uns keine Grenzen ein. Wir wissen was in jedem lebenden Menschen im Kopf oder im Gemüt/Herzen vor sich geht. Wir kennen die

Vergangenheit und die Zukunft. Tote können den Lebenden Botschaften senden. So oft warnen sie ihre noch lebenden Angehörigen oder geben Ratschläge. Man muss sich nur dafür öffnen können und man darf es nicht „verlangen".

Mir sind meine Eltern seid sie gestorben sind, sogar noch näher, als sie es früher waren. Sie sind jederzeit in meiner Nähe, ich sehe sie nur nicht. Besonders von meinem Vater bekomme ich oft Hinweise, obwohl er schon 2003 gestorben ist.

In den Jahren seit meinen Todesnaherlebnissen im Jahr 1988, habe ich mir folgendes Bild vom Weiterleben meiner Seele gemacht. Die Seele ist etwas in mir, was niemand sehen oder angreifen kann. Auch kein Arzt, wenn er mich operieren würde. Sie ist jedoch der Sinn, welcher in der Medizin nicht existiert, aber dafür zuständig ist, dass wir Gott wahrnehmen können. Also, außersinnlich! Sie ist die göttliche Energie. Für uns Menschen unbegreiflich und unfassbar im wahrsten Sinne des Wortes. Ich glaube, die Seele verlässt den menschlichen Körper wenn er stirbt (der Mensch), in Form von Energie, welche man nur mit dem geistigen Auge sehen oder fühlen kann. Bei manchen Verstorbenen entweicht die Seele schneller, bei anderen dauert es länger, bis sie sich aus dem Körper löst. Wenn die Seele den Körper verlassen hat, bleibt sie einige Zeit, als eine Einheit in der Nähe der Menschen, welchen sich die Seele oder der Verstorbene verbunden fühlte. Erst wenn die Seele „befreit" ist, geht sie in die „Herrlichkeit Gottes" ein. Das heißt für mich, meine Seele löst sich auf und vermischt sich mit den Seelen aller anderen Verstorbenen, die schon „frei" sind.

In den verschiedenen Totenbüchern stehen verschiedene Zeiten bis die Seele ins Nirwana übergeht. Vor einigen Jahren hatte ich ein Erlebnis, das mich vermuten lässt, dass die Energie eines Toten in unserer

Nähe bleibt, solange jemand an ihn denkt. In meinem Buch: „Engel, Jenseitsbotschaften und Anderes Außersinnliche" schreibe ich näheres darüber.

Mit dem Tod meines Vaters habe ich Erfahrungen gemacht, welche ich nie für möglich gehalten hätte. Über eines möchte ich hier schreiben.
Mein Vater ist im August 2003 gestorben. Am darauffolgenden 7. Februar hatte ich Geburtstag. In der Früh riefen mich einige Freunde an, um mir zu gratulieren. Ich wollte in diesem Jahr zu Hause liebevoll für meine beiden Töchter, sowie dem zukünftigen Schwiegersohn, der auch seine Eltern mitbrachte, ein gutes Abendessen zubereiten. Meine beiden Töchter schickte ich bummeln, damit ich wirklich in Ruhe kochen konnte. Als alles bis zum letzten Schliff fertig war, nahm ich ein Bad. In der Badewanne wurde mir bewusst, dass mir weder meine Geschwister noch meine Mutter gratuliert haben. Normalerweise tun sie das am Abend vorher, weil ich jahrelang am Geburtstagsabend in einem Lokal, Theater, Konzert oder in der Oper war. Ich hing meinen Gedanken nach, warum niemand angerufen hat. Irgendwer vergisst immer (ist mir auch schon passiert) aber alle vergessen? Ist das möglich?

Bei den Gedanken: „Alle haben auf mich vergessen, sogar die Mutti. Papa ist tot, der kann mir nicht gratulieren", hatte ich das Gefühl, als wäre jemand im Raum, den ich nicht sehen konnte. Es war plötzlich, als würde mir Papa ohne Worte sagen: „Das ist nicht wahr, ich bin da." Ich dachte weiter: „Das kann nicht sein. Papa ist tot und seine Seele ist schon befreit. Er kann nicht spüren, dass ich Geburtstag habe."
Als Antwort bekam ich: „Ich habe doch auch deine Geburt gefühlt."
Ich war ratlos und dachte nach, was das heißen sollte. Es ist unbegreiflich, worauf ich gekommen bin. Als ich zur Welt kam, war Papa als Sanitäter im Krieg. Am 7.

Februar schrieb er den letzten Brief, welchen Mutti von ihm aus dem „Feld" erhalten hatte und den mir Papa zwei oder drei Jahre vor seinem Tod als Andenken schenkte. In dem steht: „Ist das Baby schon da? Ich weiß nicht, ob es ein Bub oder ein Mädchen ist."
Diesen Brief schrieb er nicht am 6. und nicht am 8., sondern am 7. Februar 1945.

Am nächsten Tag feierten wir den Geburtstag von meiner Mutter, sie wurde 85. Die Geschwister gratulierten mir und Mutti sagte entschuldigend: „Ilse, ich habe auf deinen Geburtstag vergessen." Ich habe ihr von meinem Erlebnis erzählt und dass ich der Meinung bin, dass das so sein musste. Denn hätte einer meiner Geschwister oder meine Mutter angerufen, hätte ich wahrscheinlich diese außersinnliche Wahrnehmung nicht gehabt. Mutti vergaß bis jetzt nie auf einen Geburtstag.

Was war das? Ich habe noch in der Badewanne darüber nachgedacht. Wollte ich mich selber trösten, weil mich die Großfamilie vergessen hat? Ich weiß aber genau, es war kein Wunschdenken. Ich war auch nicht böse oder gekränkt, sondern es war eine nüchterne Feststellung, dass heuer alle vergessen haben. Das Gefühl der Anwesenheit Papas war so, wie ich Menschen fühle, welche in meiner Nähe sind und ich sie nicht sehen kann. Ich spüre, da ist jemand.

Einige Jahre nach dem Tod meines Vaters ergab sich folgende Situation:
Zweimal Seelsorge bei den Hinterbliebenen und einmal Sterbebegleitung, da der Tod bei dem zweiten Menschen so überraschend eingetreten ist, dass ich nicht dabei sein konnte als er starb - innerhalb von sechs Wochen.
Sehr viel habe ich dabei erlebt und empfunden. Es hat mich auch viel Kraft und Feingefühl gekostet. Um diese Erlebnisse zu verarbeiten, habe ich wieder über die Bedeutung des Todes nachgedacht. In der Bibel steht geschrieben, dass uns Gott als Strafe für das Vergehen von Adam und Eva den Tod und die Staubwerdung auferlegt hat. Wenn ich jedoch meditiere und versuche Gottes Wort zu hören, sagt mir dieses, dass Gott kein strafender Gott ist. Der „ICH BIN DA", wie er sich im Alten Testament nennt hat es nicht nötig, Fehler, die er bei der Erschaffung des Menschen gemacht haben soll, wieder gut zu machen. Erstens macht er keine Fehler, denn Gott ist frei von allen Unzulänglichkeiten, da ist ein Fehler nicht drin. Zweitens straft er nicht und drittens hat er uns von sich aus den freien Willen gegeben.
Der Grund, weshalb er uns den Tod schon bei der Geburt mitgegeben hat, ist meiner Meinung nach jener, uns das Leben nach seinem Willen zu lehren. Der Tod weist uns immer darauf hin, dass wir eine beschränkte Lebenszeit haben. In dieser Zeit sollten wir lernen, Gottes Wort anzunehmen und auch danach zu leben. Unser Leben hier auf dieser Erde bestimmt, wie es uns im Jenseits ergehen wird.

Gott sagte zu Adam und Eva, dass sie von allen Bäumen essen dürfen, nur von einem Baum nicht, dann wird nichts passieren. Esst ihr aber von diesem einen Baum, wird es vorbei sein mit dem paradiesischen Leben. Die beiden haben trotzdem von diesem einen Baum gegessen und was ist passiert? Gott hat sein Wort gehalten. Er hatte nicht gelogen als er sagte, dass sich für die Menschen alles ändern wird, wenn sie von diesem Baume essen. Daher ist es unlogisch zu sagen, Gott hat uns gestraft.

Als meine Töchter noch Kleinkinder waren erklärte ich ihnen, dass der Ofen heiß ist und dass sie sich verbrennen, wenn sie ihn berühren. Um Schlimmes zu vermeiden, nahm ich ihr Händchen in meine Hand und streifte schnell über den heißen Herd. Somit wussten sie erstens dass ich nicht lüge und zweitens dass der heiße Ofen Schmerz verursacht. Sie griffen nie auf einen Ofen oder Herd, wenn er heiß war. Gott hat es mit uns Menschen genauso gemacht. Weil wir von diesem einen Baum gegessen haben, müssen wir das Menschsein durchleben. Nur der Tod kann uns davon wieder befreien. Er erlöst uns von allem Übel. Wohlgemerkt, der von Gott gewollte Tod. Würden wir unserem Leben selber ein Ende setzen, wäre es wieder ein Essen vom falschen Baum.

Das erklärt mir auch die Sache mit dem Feigenblatt. Durch das Essen von diesem Baum hatte der Mensch plötzlich einen Körper, der aus Erde geformt ist und daher wieder zu Erde werden wird, wenn wir sterben. Für mich heißt das wiederum, der Körper ist vergänglich, die Seele ist es, die ewig existiert. Der Körper ist es, der uns zum Erdenleben zwingt und der uns so viele Probleme macht. Im Schweiße unseres Angesichts müssen wir unser Brot verdienen. Wir leiden unter Krankheiten und Schmerzen, wovor uns nur der Tod erlöst. Als Katholikin wurde mir gelehrt, dass Jesus der einzige (erste oder der berühmteste) Mensch war, der den Tod bezwungen hat. Ich kenne Menschen, denen Gott auch diese Gnade zuteilwerden ließ, dazu gehöre auch ich. Für mich ist es sehr wichtig nach Gottes Willen zu leben, mich seiner Führung anzuvertrauen. Bei Gesprächen werde ich oft gefragt, ob es mir nicht schwer fällt auf vieles um Gottes Willen zu verzichten. Wahrscheinlich nicht so schwer, wie jemandem den sein

Ziel nicht so bewusst vor Augen liegt, wie mir. Aber immer leicht? Nein, nicht immer leicht, aber schön.

Vor einigen Jahren war das Jahr von Kaiserin Elisabeth. So viel wird von ihrer „Todessehnsucht" gesprochen, doch nie habe ich gehört, dass vielleicht die Todesnähe durch ihre Krankheit der Grund dafür gewesen sein könnte. Es sind immer die Menschen, welche den Tod schon gefühlt haben, oder solche, die mit Gott in „Einklang" leben, welche den Tod nicht mehr fürchten. Ja, die sich sogar danach sehnen.

Dazu möchte ich noch aufmerksam machen, dass es oft die Schmerzen sind die zum Tod führen, vor denen sich viele Menschen fürchten. Aus diesem Grunde haben wir vor vielen Jahren Unterschriften für eine bessere Schmerztherapie gesammelt. Mit den heutigen Medikamenten kann ein schmerzerträgliches bis hin zu einem schmerzfreien Leben bis zum Tod ermöglicht werden.

In dem Buch von Leonard Burdin: „Der Weg ins Licht" mit dem Untertitel: „Sterbenden Begleiter sein, Erfahrungen und Anliegen" und dessen Vorwort, fand ich mich sofort in meinen Meinungen bestätigt. Daher möchte ich Ihnen dieses Buch wärmstens empfehlen. Schon im Vorwort habe ich vieles unterstrichen. Für mich sind Bücher nicht nur zum Lesen, für mich sind sie Speicher meiner eigenen Gedanken und Gefühle. Daher sind Zeilen mit Bleistift unterstrichen und es gibt eine Menge Randbemerkungen. In diesem Buch habe ich vieles unterstrichen, wo meine Meinung ausgedrückt wird, so z.B.: *„...ist der Tod nicht die Verneinung des Lebens. Er ist ein Ereignis - und was für ein entstehendes! - der vollendeten Existenz eines Menschen."*

Oder: *„Der Tod ist eine Tat. Der Tod ist eine Geste. Man kann aus seinem Tod genau wie aus seinem Leben ein Werk machen, ja ein Meisterwerk."*

Weiters: *„Damit der Tod sein menschliches Antlitz wieder finde und der „Lebenskern", der in diesem finsteren Stollen voller Nacht und Schrecken stecke, zu Tage gefördert werde."*

Sowie: *„Das, worauf der Mensch im tiefsten Grund seines Traumes stößt, ist sein Tod." „Wenn langsam, halb unterirdisch, aber bereits sichtbar der Tod näher kommt, findet der Einzelne sich selbst wieder.... - da, im Augenblick des Sterbens, trennt ihn ein schwarzer Ring von allem anderen ab und verleiht ihm seine ureigenste Wahrheit."*

Mit dem schwarzen Ring kann ich nichts anfangen und das Sterben ist meiner Meinung nach, nicht ein Augenblick, sondern ein Prozess und dieser dauert seine Zeit. Auch wenn oft gesagt wird: „Er war sofort tot", ist meiner Meinung nach nur gemeint, dass sein Herz plötzlich stillstand. Doch die Seele braucht eine Zeit, bis sie sich aus dem Körper löst. Bei manchen geht es schneller, bei anderen dauert es länger. Das hängt, glaube ich, mit unserem Leben zusammen. Wie wir gelebt haben, bzw. wie wir gedacht, gefühlt, gesprochen und gehandelt haben. Daher ist es für mich auch wichtig, bewusst zu sterben. Den Tod nicht verdrängen, sondern ihn als Krone des Lebens anzunehmen. Lebt man nämlich so, dass der Tod die Krone des Lebens wird, werden wir immer bemüht sein gut zu denken, fühlen, sprechen und handeln. Es gäbe keinen Streit oder Krieg und daher viel weniger menschliches Leid.

Die meisten Menschen werden zum Kämpfen erzogen. Es beginnt schon bei dem Wort „kämpfen". Kämpfen heißt doch Gewalt, auch wenn man keine Waffe in Händen hält. Seit vielen Jahren suche ich ein passendes Wort, oft nenne ich es: „arbeiten" oder „anstrengen".

Burdin schreibt auch, dass die „bewusst erlebten" Tode wichtig und richtig sind.

Zu meiner jüngeren Tochter meinte ich in einem Gespräch: „Wir sollten beten, dass Opa bald sterben kann, damit er nicht erleben muss, wenn er hilflos, vielleicht auch sprachlos ist. (Mit zweiundneunzig Jahren hatte mein Vater nach einigen Operationen einen Kehlkopfschnitt, damit er besser atmen konnte.) Meine Tochter machte mich darauf aufmerksam, dass diese Bitte nicht richtig wäre. Es sind nur wir, die diesen Anblick nicht aushalten. Er selber bekommt es doch nicht mit. Die Ärzte sagten nämlich, durch die Narkose bei den Operationen und der lange Tiefschlaf, wird mein Vater geistig nicht mehr da sein.

Meine Tochter meinte weiters: „Wir sollten beten, das wir annehmen können, was Gott für ihn vor hat."

Mit meiner älteren Tochter hatte ich schon besprochen, sollte mein Vater wieder vom Krankenhaus nach Hause kommen, werde ich meine Arbeit mitnehmen und zwei bis vier Tage in der Woche bei ihm und meiner Mutter sein. Meine Mutter war damals 85 Jahre alt und konnte sich nicht mehr so gut um meinen Vater kümmern, wie er es gebraucht hätte. Von meiner Schwägerin, welche im selben Ort wohnt, hätte ich nicht erwartet, dass sie die ganze Woche rund um die Uhr für die Eltern sorgt.

Nach der Aussage meiner jüngeren Tochter versetzte ich mich geistig in die Situation: Papa zu Hause, geistig verwirrt, mit einem künstlichen Darmausgang, kein Wort aussprechen könnend und oft Trauer in seinem Blick. (Das eine Jahr vor seinem Tod sah er oft traurig.)

Sie können sich nicht vorstellen, wie viel Liebe dadurch frei wurde und wie viel Zärtlichkeit ich ausstrahlte. Ich fühlte, wie warm mir ums Herz wurde. Jeden Handgriff den ich im Geiste getan habe, tat ich aus Liebe und mit viel Geduld. Wenn er sich das Sackerl mit den Fäkalien wegriss und alles beschmutzte, putzte ich mit und aus

Liebe zu ihm wieder alles weg. Der Geruch des Stuhles, der mir bei meinen Kindern schon zu sehr gestunken hatte, ließ mir auch in der Meditation die Luft anhalten, aber so wie bei meinen Kindern, machte ich Papa mit Zärtlichkeit sauber. Unter seinem traurigen Blick habe ich sehr gelitten. Doch da sprach ich liebevoll mit ihm und streichelte ihn zärtlich. In dieser Meditation wurde mir bewusst, dass meine Tochter recht hatte und dass kein Augenblick des Lebens unnütz ist.

Mir ist aber auch klar, wenn dieser Zustand lange Zeit anhält, dass man die Kraft verliert. Dass pflegende Angehörige oft zornig auf die Gepflegten werden. Dass man sich als Angehöriger oft machtlos und unverstanden fühlt. Da glaube ich, verdienen sich die Pflegenden viele Stufen in den Himmel. Nun sind wir wieder bei meiner Meinung: unser eigener Lebenslauf ist bestimmend für unseren Tod. Wer lange Zeit Angehörige pflegt, ohne sie dabei künstlich am Leben zu halten, erfährt dementsprechend nach dem eigenen Tod die Herrlichkeit Gottes, den Himmel.

Jeder der rund um die Uhr betreut, sollte darauf achten, dass er Pausen einlegen muss, sonst braucht er bald selber eine Pflegeperson. Damit ist aber sicher niemandem geholfen. Heute gibt es schon sehr viel Hilfe und Unterstützung um pflegende Angehörige zu entlasten. Am Land genauso wie in der Stadt. Ich denke am Land sogar noch mehr, da sich die Leute kennen und es oft Frauen, auch Männer gibt, die pflegende Angehörige unterstützen. Es muss nur angenommen werden und das ohne Schuldgefühle. In der Stadt gibt es stattdessen wiederum Tagespflegestätten, da können die Angehörigen auch tageweise untergebracht werden.

Die meisten Menschen sind früher an Krankheiten gestorben, weil es die Medizin in diesem Ausmaß wie heute nicht gab. Die anderen Menschen starben an Altersschwäche. Sie aßen weniger oder gar nichts mehr und schliefen ein. Als wir noch in Höhlen wohnten, war dies das Sterben und Sterben war ein Teil des Lebens. Sterben gehörte zum Alltag. Der Abschiedsschmerz kam erst durch die Industrialisierung. Das Leben war nicht mehr „erdverbunden", sondern die Wohngemeinschaften lösten sich immer mehr auf, wurden zu Großfamilien und dann zu Familien. Es gibt in unserer Zeit nur ein oder zwei Elternteile und Kinder, welche wieder Kleinfamilien gründen. Dadurch fehlt auch jeder einzelne Mensch mehr, wie bei den Höhlenbewohnern. Nicht weil sie damals weniger liebten, sondern die Liebe war auf viele Menschen aufgeteilt, nicht nur auf den Partner und auf zwei oder drei Kinder. Selten gibt es heutzutage mehr als drei Kinder. Die Eltern wohnen weiter weg, die Kinder gehen alle zur Arbeit und können daher ihre Zeit nicht für die Pflege der alten oder kranken Eltern verwenden. Notgedrungen gibt es mehr Altersheime als je zuvor. Früher gab es diese nur für jemanden der keine Angehörigen hatte und alt oder krank war. Daher hieß es auch nicht Altersheim oder Seniorenresidenz, sondern Armen- oder Siechenheim.

Die Höhlenbewohner hatten auch den Vorteil, dass sie durch den Tod eines Menschen nicht einsam wurden, es waren noch genug andere da.

Wer sterben lernt, lernt leben

Ernst Wolfram Marboe ist in der Nacht auf Freitag den 13. Jänner 2012 gestorben. Ich hatte einmal ein Erlebnis mit ihm, das ein bisschen über seine Beliebtheit aussagt. Von einem Friedensfreund bekam ich eine Eintrittskarte für eine bestimmte Zirkusvorstellung geschenkt. In welchem Jahr das war, kann ich gar nicht mehr sagen. Ich besuchte damals den Zirkus und setzte mich in die 2. Reihe. Vor mir in den Logen saßen bekannte Persönlichkeiten.

Ernst Wolfgang Marboe hielt eine Eingangsrede, anschließend kam er zu mir her und sagte: „Warum sitzen sie in der 2. Reihe, hier in der Loge ist ihr Platz." Ich antwortete: „Ich dachte, die Logen sind den eingeladenen Persönlichkeiten vorbehalten." Worauf er lächelnd meinte: „Sie sind eine der eingeladenen Persönlichkeiten." Sie können sich sicher meine Sprachlosigkeit vorstellen. Er führte mich zur Loge und wünschte mir noch gute Unterhaltung.

Im Nachruf hörte ich, dass er einige Zeit vor seinem Tod sagte: „Wer sterben lernt, lernt leben."

Seit vielen Jahren ist das auch meine Meinung:
„Wer liebevoll mit dem Tod umgeht, geht auch liebevoll mit dem Leben um."

Kürzlich war ich wieder als Gastvortragende in einer 7. Klasse Gymnasium. Ich erlebe dabei immer die Unterschiede der einzelnen Klassen. Dieses Mal war die erste Gruppe temperamentvoll und wissbegierig. Die Fragen purzelten nur so aus ihren Mündern. Die zweite Gruppe war dagegen zaghaft, zurückhaltend und ruhig.

Als nach einigen Fragen das Thema ausgelaufen war, setzte ich so fort: Nun, wenn <u>ihr</u> keine Fragen habt, frage <u>ich</u> etwas. Ich stellte an ein Mädchen die Frage:
„Wenn du jetzt erfahren würdest, dass du in zwei Wochen stirbst, was würdest du tun?" Das Mädchen bekam glänzende Augen, das heißt, Tränen standen ihr in den Augen und sie antwortete, sich um Gelassenheit

bemühend: „Dazu muss ich sagen, dass vor einigen Wochen meine Großmutter verstorben ist, und ich noch nicht darüber weg bin." Somit konnte ich mit diesem Mädchen das tun, was ein Trauergespräch ausmacht. Selbstverständlich habe ich vorher das Mädchen um Erlaubnis gefragt, ob ihre Mitschülerinnen und Mitschüler dabei sein dürfen. Anschließend haben alle anderen erzählt, dass dieses Gespräch für sie sehr bereichernd war. Ja - das war für mich wieder der Beweis, dass ich meine Berufung lebe.

Paul Weß schreibt in seinem Buch: „Warum?", dass wir durch den Tod von uns nahestehenden Menschen lernen, den eigenen Tod anzunehmen. Ich bin allerdings der Meinung, das direkte Dabeisein beim Sterben, beziehungsweise beim Übertritt in den Tod, löst eine Bewusstseinsänderung bei einem Hinterbliebenen oder Begleiter aus, nicht die Nachricht, die oder der Familienangehörige ist verstorben, oder man ist bloß beim Begräbnis dabei. Vielleicht reicht auch dieses Erlebnis für manche Menschen aus, den Tod mit „anderen Augen" zu sehen. Ich habe mit vielen Menschen gesprochen, für die der Tod, oder besser gesagt, das Sterben eines Angehörigen oder jemanden den sie begleitet haben, ein liebevoller und sogar erstrebenswerter Abschnitt ihres Lebens geworden ist.

Das „Miteinander-Sterben", wie ich es immer nenne, ist für diese Menschen „die Perle des Lebens" geworden. Damit ist nicht gesagt, dass es ein leichter Weg war. Abschied nehmen von einem lieben Menschen tut weh. Man leidet mit, wenn der Sterbende Schmerzen hat, weil oft die Kraft fehlt, um mit-zu-<u>fühlen</u> <u>anstatt</u> mit-zu-<u>leiden</u>.

Beim Miteinander-Sterben hat man die Chance, miteinander voneinander Abschied-zu-nehmen. Die Trauerphase nach dem Tod kann dadurch erleichtert oder verkürzt werden.

Mal´ den Teufel nicht an die Wand

Diesen Ausspruch kennen Sie wahrscheinlich genau so gut wie ich. Damit will man ausdrücken, nicht über etwas, was wir nicht haben oder erleben wollen zu reden, damit es nicht gleich passiert. Oft geht es uns so, wenn wir an jemanden denken, ruft dieser Jemand an. Haben wir da den Teufel an die Wand gemalt? Oder das Gegenteil des Teufels, wenn es jemand ist, den wir mögen?

Kürzlich wurde mir bei einem Gespräch mit zwei Frauen, welche ich seit meiner Kindheit kenne, sie aber ganz selten treffe, etwas bewusst. Eine der beiden Frauen sprach mich an, weil sie mich im Fernsehen über Sterben und Tod sprechen hörte. Sie wollte ein bisschen mehr über meine Erfahrungen darüber wissen. Die zweite Frau beteiligte sich kurz an dem Gespräch und sagte dann: „Mal den Teufel nicht an die Wand."

Um den Teufel nicht an die Wand zu malen, das heißt ihn nicht heranzuholen und weil unsere Konjunktur uns ein schönes, unterhaltsames und ereignisreiches Leben bietet, wollen wir mit dem Tod nichts zu tun haben und sprechen deshalb auch nicht darüber. Dabei ist es meiner Meinung nach gerade umgekehrt. Je mehr wir uns mit dem Sterben befassen, desto mehr erfahren wir das Leben. Die wahren Werte des Lebens!

Eine Frau deren Sohn plötzlich verstorben ist, meinte einmal: „Seit dem Tod meines Sohnes haben sich meine Werte verschoben. Mir ist nicht mehr Pomp und Trara wichtig, sondern der liebevolle Umgang mit Menschen." Für mich liegt darin der Sinn des Todes. Er macht uns immer wieder unsere Grenzen bewusst. Er zeigt immer wieder auf, wie Don Bosco schrieb: *„Verschiebt nicht das Gute auf morgen, wenn ihr es heute tun könnt, denn vielleicht habt ihr morgen keine Zeit mehr."*

Ich habe vor fast vierzig Jahren erfahren, was dieser Satz heißt und habe deshalb begonnen, mein Leben bewusster und liebevoller zu gestalten. Verletzende Worte vermeiden, mich zu entschuldigen, wenn ich merke ich habe jemanden verletzt. Jemanden sagen, dass ich ihn gern habe oder dass ich ihn mag.

Es war für mich ein Lernprozess, Worte auszusprechen, welche von Eltern und Geschwistern nie ausgesprochen wurden. Ich glaube auch, dass uns das Bewusstsein des Todes dazu bewegen soll, ein Gott-gefälliges Leben zu führen, damit wir in die Herrlichkeit Gottes gelangen können und nicht das Feuer der Hölle erfahren müssen.

Was ist ein Gott-gefälliges Leben?
Jeder Mensch kann fühlen, was Gottes Wille ist, was Gott gefällt. Wir haben es nur verlernt und es bedarf Übung um es wieder besser bzw. bewusster fühlen zu können. Kämen Sie auf die Idee nicht mit dem Auto zu fahren oder mit dem Flugzeug zu fliegen? Wenn Sie es aber so betrachten: Wenn es Gott gefallen würde dass wir fahren oder fliegen, hätte er uns Räder und Flügel wachsen lassen. So einfach ist das.

Wenn ich sterbe gehe ich nur nach Hause

Bei der Gesprächsrunde mit Jutta Schrutz: „Was motiviert mich und wie kann ich andere motivieren?" nahmen wir alle gemeinsam an einer wunderschönen Erkenntnis, wie Jutta sie nannte, teil. Ich wollte anfangs nicht darüber reden, doch Jutta „motivierte" mich über meine Gefühle und Gedanken zu sprechen. Als ich beim Unfall 1988 zwei Nahtoderlebnisse hatte, war ich durch das erste Erlebnis der Meinung, im Himmel zu sein. Die Aussage allein zeigt schon, wie schön es für mich gewesen sein muss. Einige Menschen waren da, die wollten mich umdrehen, damit ich am Rücken liegen konnte. Schmerzvoll presste ich heraus, damit noch zu warten. Mir war bewusst, dass ich doch wieder auf der Erde „gelandet" bin, dass mich ein Motorrad erfasst hatte und dass ich, sollte die Wirbelsäule verletzt sein, das Umdrehen nicht überleben würde. Schrecken überkam mich, weil ich nicht wusste, was ich tun muss, wenn ich sterbe und tot bleibe. „O Gott, was tut man beim Sterben? Warum weiß ich nicht was ich zu tun habe?" dachte ich mit Entsetzen. Inzwischen ist mir der Grund klar: „Weil wir das Sterben in das Besenkammerl irgendeines Krankenhauses verdrängt haben."

Dabei gehört das Sterben zum Leben genauso wie das Atmen. Von der Geburt an wissen wir nichts so sicher, als dass wir einmal sterben werden. Wir haben das Gefühl, nur andere Menschen sterben, dann sterben wir und wissen nicht, wie wir Gott gegenübertreten sollen. Gott hat meinen Ruf erhört, denn ich dachte plötzlich: „Alle die ich verletzt habe, verzeiht mir bitte." Es dauerte vielleicht nur Sekunden, bis ich diesen Satz in mir aufgenommen hatte. Nun war ich bereit zu sterben. Ohne Kummer, ohne Sorgen und vor allem ohne Angst vor dem Tod, wie ich sie bis dahin hatte. Es war ein wunderschöner Augenblick. Ich habe seither das Gefühl, wenn ich sterbe, gehe ich „nur" nach Hause. „Du sprichst nicht vom Sterben. Wovon du erzählst ist Auferstehung", sagte Jutta zu mir. Tiefe Rührung ergriff mich. Ich blickte in meine Seele und wusste: „Ja, für mich bedeutet sterben eigentlich auferstehen."

Ein junger Mann fragte mich: „Heißt das, du bist nicht traurig, wenn dir ein lieber Mensch stirbt?" Und wie ich traurig bin und bei jedem Tod wieder meine Unzulänglichkeit erlebe. Aber ich gehe mit der Trauer anders um. Ich bin nicht mehr traurig, weil jemand stirbt, ihm geht es jetzt besser als es ihm je im Leben gehen könnte. Manchmal beneide ich sogar den Verstorbenen. Ich bin traurig, weil ich diesen Menschen nicht mehr sehen werde, nicht mehr berühren und nicht mehr mit ihm sprechen kann. Außerdem tun mir die Hinterbliebenen leid.

Ich wusste wer Zarathustra war, als ich mit einundzwanzig Jahren das erste Mal die Zauberflöte sah. Ob ich deshalb von der Musik und seinen Worten: „In diesen heil`gen Hallen..." so überwältigt war, oder ob es ganz einfach die Sehnsucht nach Geborgenheit, Friede und Gerechtigkeit war, weiß ich heute nicht mehr. Ein Artikel den mir eine Bekannte geschickt hat: „Einiges über die Wirkung der Sonne des Zarathustra" hat mich an die Zauberflöte erinnert. Da diese Oper in den letzten Jahren so oft aufgeführt wurde und im Fernsehen zu sehen war, wurde sie mir lästig. Bei dem Artikel merkte ich jedoch, dass diese Oper heute für mich wieder wichtig geworden ist, weil sie mir mehr über die Liebe aussagt als früher. Das Liebespaar rückte in den Vordergrund und damit die hingebungsvolle Liebe der Partner zueinander.
Als ich aber folgenden Abschnitt gelesen habe, sind mir Tränen über die Wangen gerollt.

…… Ein tiefer Wunsch, „nach Hause" zu gehen. Das ist womöglich das problematischste dieser Symptome, und das mit den größten Herausforderungen. Es kann sein,

dass du den tiefen und überwältigenden Wunsch verspürst, den Planeten zu verlassen und nach Hause zurück zu kehren. Das sind keine „Selbstmordgedanken". Dieses spezielle Gefühl basiert nicht auf Wut oder Frustration. Du willst auch keine große Sache daraus machen oder für dich und für andere ein Drama aufbauen. Es gibt ganz einfach einen stillen Teil in dir, der gerne nach Hause gehen möchte. Der eigentliche Grund dafür ist recht einfach. Du hast deine karmischen Zyklen vervollständigt. Du hast deinen Vertrag für dieses Leben erfüllt. Du bist bereit, in ein neues Leben hineinzugehen, während du dich immer noch im gleichen physischen Körper befindest. Während dieses Übergangsprozesses kommt eine Erinnerung in dir auf, wie es ist, „auf der anderen Seite" zu sein. Bist du bereit dafür, eine weitere „Pflichtübung" hier auf der Erde zu absolvieren? Bist du bereit, die Herausforderung auf dich zu nehmen, in die Neue Energie zu gehen? Ja, in der Tat, du könntest jetzt nach Hause gehen. Aber du bist soweit gekommen, und nach vielen, vielen Leben wäre es sehr schade, vor dem Ende des Films das Kino zu verlassen. Und nebenbei, Spirit braucht dich hier, um auch anderen dabei zu helfen, in die neue Energie hineinzugehen. Sie brauchen einen menschlichen Freund und Führer auf ihrem Weg, jemanden wie dich, der die Reise von der Alten in die Neue Energie gemacht hat. Der Pfad, auf dem du dich gerade befindest, schenkt dir die Fähigkeit, ein Lehrer des neuen göttlichen Menschen zu werden. So einsam und dunkel deine Reise von Zeit zu Zeit auch sein mag, denk daran: Du bist niemals alleine."

„Sehnsucht nach Hause", dieses von Elisabeth Kübler-Ross als letztes vor ihrem Tod geschriebene Buch, schenkte mir vor einigen Jahren eine Bekannte, bevor ich mit ihr zur Lourdesgrotte nach Gugging gefahren bin. Wegen meinem Nachsatz über jüdisches Altern wollte sie mir das Bild und dessen Ausstrahlung vom „Engel von Dachau" in der Lourdesgrotte zeigen. Ich war allerdings mehr von der Grotte beeindruckt, weil ich mich nach der Originalgrotte in Frankreich zurückversetzt fühlte, wo ich sehr liebevolle Tage mit meiner Mutter verbringen durfte.

Zuvor hatten wir aber noch Erfahrungsaustausch in der Arbeitsgemeinschaft Haus des Friedens ohne vorgegebenes Thema. Nachdem wir vor Beginn des Erfahrungsaustausches schon angeregt von diesem Büchlein über Spiritualität sprachen, war uns allen klar, dass dieses an dem Tag unser Thema sein wird.

Am Abend las ich sofort das Buch, wo mich doch schon der Titel „Sehnsucht nach Hause" durch meine eigene Sehnsucht nach Hause, angesprochen hat. Elisabeth Kübler-Ross erzählt in diesem Buch über ein spirituelles Erlebnis in dem die Worte: „SHANTI NILAYA" bedeutsam waren, sie aber ihre Bedeutung nicht kannte. Monate danach erklärten ihr buddhistische Mönche, diese Worte kämen aus dem Sanskrit und hießen: „Haus des Friedens". Elisabeth Kübler-Ross schreibt im Buch, Shanti Nilaya (Haus des Friedens) sei der Ort, von dem wir kommen und zu dem wir nach unserem Tod zurückkehren. Unser Leben hier auf der Erde ist wie ein Kokon der zum Schmetterling wird.

Die Frau meines Cousins nannte den Ort nicht „Shanti Nilaya", sondern „Gottes Hand". Aber meine angeheiratete Cousine war das, was Gott zu Abraham sagte, nämlich: „Ein Segen sollst Du sein." Seit Gott das zu Abraham sagte, sind zirka 4.000 Jahre vergangen, doch es gibt immer noch Menschen, die Segen für andere Menschen sind. Dazu gehört ganz sicher mein

Cousin Karl und dazu gehörte ganz sicher seine verstorbene Frau Gertrud. Gertrud erkrankte an einer schweren unheilbaren Krankheit, bei der es keine Heilungschancen gibt. Mein Cousin und die Kinder pflegten und begleiteten sie liebevoll bis an die Schwelle des Todes. Gertrud tröstete ihre Familie mit den Worten: „Habt keine Angst, ich bin in Gottes Hand."

So groß wie ihr liebevolles Herz, war daher auch die Menschenmenge bei ihrem Begräbnis. Ich spürte ihren Geist über uns, die wir ihrem irdischen Körper die letzte Ehre erwiesen haben.

An der Decke der Kapelle am Friedhof Baden steht folgender Satz:
„Ich hole euch aus den Gräbern mein Volk."
Dieser Satz hat Gertrud und mich verbunden. Durch diesen Satz haben wir uns kennen gelernt.

Werden wir abgeholt?

„Was erwartet mich nach dem Tod?" Diese Frage stellte ich mir von der Zeit der Pubertät, bis zu meinem Unfall 1988 immer wieder. Wo werde ich sein? Ist es da finster? Vor der Finsternis hatte ich seit einem Erlebnis in meiner Kindheit schreckliche Angst. Bin ich allein oder einsam, dort wo ich sein werde?

Nachdem ich bei dem Unfall den Tod „erleben" bzw. „überleben" durfte, habe ich keine Angst mehr davor. Ich war im Tod nicht allein, Gott war bei mir. Ich sah ihn nicht, doch ich fühlte seine Nähe. Ich legte im Geist das Schicksal meiner beiden Kinder in seine Hände. Bei dieser Todeswahrnehmung dürfte ich die Tür zum Himmel nicht ganz geschlossen haben, sonst würde ich jetzt nicht leben. Mit Schmerzen landete ich wieder auf der Erde und im Leben.

Bei einem Lehrgang mit Elisabeth Rölli aus der Schweiz erzählte eine Frau, dass sie der Meinung ist, ihre Großmutter wartet auf sie im Jenseits. Eine andere erklärte dass sie glaubt, ihre verstorbene Mutter ist es, die sie nach ihrem eigenen Tod empfangen wird u.s.w.

Ich selber vertrat meine Meinung: „Im Tod ist man nicht allein. Gott ist da. Die Vorstellung, wir werden von verstorbenen Angehörigen erwartet oder empfangen, entwächst unseren menschlichen Wünschen."
Hanna, die mich von anderen Ausbildungen kannte, meinte aber: „Ilse, du wurdest doch auch empfangen. Du sagst doch immer, Gott war da, dem du die Verantwortung für deine Kinder übergeben hast." Ja, sie hat recht, so ist es. Auch ich wurde empfangen.

Beim Begräbnis einer Frau, die ich dreieinhalb Jahre lang begleitete und viele Jahre vorher schon kannte, da sie die Mutter meines verunglückten Kletterpartners war, hatte ich folgendes Erlebnis. Die Verwandten meiner

Wahltante (so hatten wir uns beide arrangiert) kamen mir freundlich entgegen, als sie mich mit einem Kranz am Arm kommen sahen. „So, jetzt können wir anfangen, denn Sie sind da" sagte jemand aus der Gruppe, was mich sehr ehrte. Beim Requiem stand der Sarg vorne beim Altar. Da hatte ich auf einmal das Gefühl, die Seele meiner Wahltante kommt wie ein in die Länge gezogener Nebelschleier aus dem Sarg und schwebt an mir vorbei in die Lüfte. „Jetzt wirst du mit deinem Sohn vereint" dachte ich. Ich war erleichtert und gleichzeitig wehmütig. Ich hatte sie vor Jahren um Vergebung gebeten, dass ich den Tod ihres einzigen Sohnes ungewollt verursacht habe. Sie hat mir nie die Schuld daran gegeben. Sie meinte immer, es war ein Unfall, den ich nicht verhindern konnte.

Wenn ich, wie so oft darüber nachdenke, wie sollte das funktionieren, dass wir alle die Menschen, die wir im Leben lieben, im Jenseits wieder treffen wollen? Wer trifft da wen? Wurde ich von den gleichen Menschen geliebt, die ich im Leben liebte? Jeder von ihnen hat aber auch noch andere Menschen geliebt, die ich gar nicht kannte. Oder wenn einer der Menschen die ich liebte, jemand liebte, den ich im Erdendasein nicht ausstehen konnte, was ist dann? Bei der Meditation bekomme ich immer wieder die gleiche Antwort: "Im Jenseits ist es nicht mehr wichtig, wen man im Leben geliebt hat und wen man im Leben nicht leiden konnte. Alle Seelen sind vereint in Gott." In Gott vereint sein, ist wirklich nicht traurig und es gibt auch keinen Grund, davor Angst zu haben. Ich glaube, wir haben alle die Sehnsucht in uns, wieder Eins zu werden mit/in Gott und wenn wir unser Leben bereinigt haben - egal ob noch im Erdendasein oder erst danach, sind wir im Tod wieder vereint mit/in Gott, sogar noch intensiver wie im Leben.

Es gibt keinen körperlichen Schmerz mehr, aber auch keine Gefühle. Im Tod sind wir weder einsam, noch

traurig. Wir empfinden nicht das Gefühl von Glück oder Zufriedenheit. Es ist ein unbeschreiblich schöner Zustand den man nicht erklären kann. Diesen Zustand nenne ich das SEIN oder Existenz, denn existieren tun wir auch nach dem Leben, da ja unsere Seele und unser Geist nicht Materie sind, sondern Energie. Energie kann nicht vergehen, sie wird immer bestehen, egal wo wir uns befinden. Mit uns ist unser Ich gemeint - das glaube ich, ist unsere Seele und unser Geist.
Wenn ich den Zustand definiere, ist es ein Gemisch aus Seligkeit und Geborgenheit.
Das Todesnaherlebnis war für mich so wohltuend, dass ich mich auf meinen Tod freue. Aber ich bin nicht suizidgefährdet und der Abschied von meinen Kindern wird mir sicherlich auch nicht leicht fallen.

Außerdem muss ich noch leben, da ich weiß, dass ich noch Aufgaben zu erfüllen habe, die ich mich bemühe nach Gottes Willen und zu seiner Freude auszuführen, damit ich nicht viel aus dem Leben zu bereinigen habe. Dabei werde ich immer wieder von Neuem beglückt.

Durch inneren Frieden zu sich selbst finden. Mit dieser Einleitung hatten wir vor einigen Jahren in einer Tageszeitung inseriert. Einer der Anrufer war Sepp. Seine Frau war in diesem Jahre nach einer 13 Jahre andauernden, sehr schweren Krankheit gestorben. Die Frau war Diplomkrankenschwester und immer wenn es ihr besser bis gut ging, arbeitete sie im Krankenhaus. Wenn es ihr schlecht ging, kündigte Sepp seine Arbeit und blieb bei seiner kranken Frau zu Hause. Nach einigen Monaten, wenn sie wieder arbeiten konnte, suchte auch er wieder eine Arbeitsstelle. Zum Glück, oder weil Gott es so wollte, arbeitete er im Gastgewerbe, sonst hätte er es sicher viel schwerer gehabt, immer wieder schnell Arbeit zu finden. Diese Vorgangs- oder Umgangsweise der beiden, die zwei Kinder mit inzwischen fünfzehn und einundzwanzig Jahren hatten, zeigt schon ihr liebenswertes Wesen. Wie kann es da anders sein, als dass die Frau von Sepp außerhalb des Krankenhauses noch eine Selbsthilfegruppe für Schwerkranke gegründet hatte.

Sepp hatte einiges zu unserer Trauergruppe mitgebracht, das seine Frau im PC gespeichert oder gesammelt in einem Kasten liegen hatte. Sich damit zu beschäftigen, war für ihn, obwohl er 13 Jahre lang mit dem Tod vor Augen gelebt hatte, ein Abschied-nehmen von dem was er liebte – seiner Frau.
Als er in der Trauergruppe „warm geworden" war, kam viel Fröhlichkeit von ihm, so, dass ich ihn nach einiger Zeit fragte: „Ist dir bewusst, dass deine Frau durch deinen Charakter, noch so lange nach Ausbruch der Krankheit lebte?" Er fragte nach, wie ich das meinte. Ich antwortete: „Du bist ein liebenswerter, fröhlicher Mensch und hast dir für deine Frau viel Zeit genommen, dadurch hatte sie die Möglichkeit, lange Zeit noch bei dir und den Kindern zu leben. Das ist außer Gott natürlich, dein Verdienst." Sepp war einige Minuten sprachlos und wie ich glaube, tief berührt. „So habe ich das auch noch nicht gesehen", war seine Antwort. Wie so oft, hat der Heilige Geist auch in diesem Gruppengespräch gewirkt.

Nachdem der Grabstein beim Grab von der Frau des Sepp aufgestellt war, brachte er mir Fotos davon. Er ist extra deswegen zu mir gekommen, um sie mir zu zeigen. Ein wunderschöner Grabstein und die Umfriedung. Auf den Fotos konnte ich in der Mitte des Grabsteines ein Herz sehen. Ich fragte Sepp, wie der Steinmetz das Herz ausgeschnitten hat. Er antwortete mit einer Gegenfrage: „Welches Herz?" Als ich es ihm zeigte, war er überrascht, denn es gibt weder am Grabstein ein Herz, noch hatte es Sepp bevor ich es ihm zeigte, auf den Fotos gesehen.
Wir haben lange nachgedacht, wie es auf die Fotos kommen konnte. Ich glaube, da ist wieder ein Wunder

geschehen und es war eine Botschaft aus dem Jenseits. Deshalb musste er auch zu mir kommen und mir die Fotos zeigen, damit ich ihm die „Augen öffne" oder das Herz? Ich erklärte ihm meine Wahrnehmung, dass sich seine Frau mit diesem Herz bei ihm für seine Fürsorge bedankt. Er war wieder tief berührt.

Überkonfessionell

Ein Artikel im Infonlatt vor einigen Jahren:
Vor einigen Monaten habe ich die Deklaration der ARGE Haus des Friedens überarbeitet. Wir schreiben da, wir seien ein überparteilicher und überkonfessioneller Verein. Stimmt das auch?

Überparteilich: Ja. Zum Sterben braucht man keine Politik. Oder doch?

Überkonfessionell?
Kann ich als Christin einen Menschen der Buddhist, Moslem oder Jude ist, auf den Tod vorbereiten oder begleiten?
Kann ich als Christin Menschen aus anderen Religionen in ihrer Trauer begleiten oder trösten?

Vor einigen Jahren belegte ich nochmals den Lehrgang über Weltreligionen.

1. Um das Vergessene wieder aufzufrischen.
2. Um mehr Zugang zur Friedensarbeit zu haben.
3. Um nicht nur die verschiedenen Totenbücher zu kennen, sondern auch die Aussagen der verschiedenen Religionen.

Jede Religion lehrt mehr oder weniger den Frieden, aber jede Religion macht eine andere Aussage über den Tod.

Von meiner Jugendliebe Ibrahim
Freundin
Hast du alles vergessen?
Unsere schönen Träume, unsere Freundschaft.
Wir haben gelacht, aber auch geweint zusammen
Hast du alles vergessen Freundin?
Der Mond hat uns oft zusammen geseh`n.
Er weinte bei unserer Trennung Freundin!

Wenn die Sterne scheinen, denke an mich,
weil in dem Moment meine Gedanken bei dir sind
Wenn die Sonne scheint, denke an mich,
denn in der Zeit schwebt meine Seele zu dir.

Freundin, wenn alles vorbei geht,
wenn die Zeit selbst vorbei geht, denke an mich,
weil meine Liebe für dich ewig bleibt.
Hast du alles vergessen?

Bitte, bitte Freundin, vergiss nicht,
obwohl du mit mir vielleicht
die Stille der Gräber gehört hast.
Sie ruft, ruft laut: Die Liebe ist gestorben -
ist gestorben!

Ach bitte, bitte, Freundin, glaube mir.
Glaube an die geheime Stimme,
die aus der Tiefe meines Herzens tönt:
Die Liebe lebt noch!
Sie lebt noch so lange,
solange Blut in meinem Herzen fließt!
Freundin!
Vielleicht ist die Liebe gestorben, bei den Leuten,
die Sex statt Liebe verlangten.
Bei den Leuten, die Geld statt Gott angebetet
haben.
Aber für uns, Freundin, hält die Liebe ewig.
Weil wir GLAUBEN, LIEBEN und HOFFEN!

Abschied von Ibrahim.

Du dummes Herz!
Herz, du bist so dumm.
Du schmerzt und ich frag` mich , warum?
Trag` ich die Schuld daran?
Sag` was hab` ich getan?

So schön war die Zeit, sie kommt nie mehr.
Nur er ist der Mensch, den ich begehr.
Ich hab` ihn geliebt, er versprach mir das Glück.

Er ist gegangen,
doch du dummes, trauriges Herz,
du bleibst zurück.

Ibrahim war viele Jahre ein wunderbarer Freund, nun musste ich für immer von ihm Abschied nehmen. Die letzten Jahre lebte er in seiner Heimatstadt Damaskus in Syrien. Nun habe ich die Nachricht erhalten, dass er verstorben ist.

Es ist ein großer Unterschied, ob jemand weit entfernt wohnt aber lebt, oder ob er tot ist. Bisher hatte ich das Gefühl, wir werden uns wiedersehen, jetzt aber ist die Trennung endgültig.

Beim Tod seiner Mutter lebte er noch in Wien, er besuchte mich und weinte. Als er sich für seine Tränen entschuldigen wollte, schrieb ich auf einen Zettel und legte diesen vor ihn hin, damit er trotz seiner Tränen lesen konnte, was ich ihm sagen wollte:

*Um eine Mutter musst du weinen,
lass` dir das sagen von einem Freund.
Sie wäre niemals deine Mutter,
hätt` sie nie um dich geweint.*

Kann ein Sterbebegleiter lossprechen?
Auch wenn sie sich mit der röm. kath. Kirche nicht näher befassen, glaube ich, sie wissen noch vom Religionsunterricht, was „lossprechen" heißt.

Ich hatte mich zu einem Vortrag bei der Akademie für Lebens-, Sterbe- und Trauerbegleitung im Kardinal-König-Haus angemeldet. Ich habe aber mit einer Freundin, die von Irland auf Besuch da war und wegen des Liedes: „Ein kleines Wegerl im Helenental", das Helenental sehen wollte, den Tag im Helenental verbracht. Wir machten eine kleine Wanderung, ich zeigte ihr den von mir oft besuchten Kreuzweg in Heiligenkreuz und wir besichtigten das Stift. Logischerweise war ich anschließend müde und wollte nicht mehr zum Vortrag.

Nun beginnt es interessant zu werden. Zwei Wochen vorher hatte ich einen Vortrag nicht besucht und damit es nicht heißt, die Ilse Jedlicka ist unverlässlich, wollte ich unbedingt dieses Mal zuhören. Ich fuhr also todmüde nach Lainz. Bevor ich vom Auto ausstieg, überlegte ich noch einmal, ob ich nicht doch nach Hause fahren sollte. Es bestand nämlich die Gefahr, dass ich vor Müdigkeit einschlafen würde. Ich hörte in mich hinein, dabei wurde mir bewusst, dass es einen bestimmten Grund gibt, weshalb ich hier bin. Der inneren Stimme folgend, ging ich in den Saal, wo der Vortrag sein sollte. Ich war zu früh dran, deshalb ging ich wieder zum Auto und wollte nach Hause fahren. Ich hatte den Motor noch nicht gestartet, als ich die Eingebung hatte heute hier sein zu müssen. Also ruhte ich mich im Auto aus und ging dann zum Vortrag.

Beim Vortrag dachte ich nach einiger Zeit: „Das alles, was der Vortragende erzählt, ist selbstverständlich, darüber einen Vortrag zu halten ist gewagt". Es gingen auch zwei Frauen weg. Ich wollte mich anschließen, blieb aber trotzdem sitzen. Wäre vor der Pause gesagt worden, dass es anschließend an die Pause eine Diskussion gibt, wäre ich ganz sicher nicht geblieben. Während der Diskussion fragte ich mich noch einmal was das ist, denn ich wollte gehen und ging wieder nicht. Ich wollte auch nicht sprechen, weil ich ganz einfach nur müde war.

Dann aber entwickelte sich eine heiße Diskussion darüber, ob wir Sterbebegleiter statt einem Priester, im Namen Gottes, Sünden vergeben oder davon lossprechen dürfen. Die Diskussion wurde aggressiv, besonders dem Vortragenden gegenüber, der erklärte, dass Sterben und Tod nicht unbedingt nur von den christlichen Kirchen geprägt sein muss. Verzeihung, Vergebung, Erlösung hat Gott für jeden Menschen gegeben, ohne Ausnahme von Rang, Namen, Herkunft oder Religion.

Wie oben schon erwähnt, ich war sprechfaul. Bemerkte aber öfter, dass mich der junge Mann mit dem Mikrophon fragend anschaute. Plötzlich forderte er mich auf zu sprechen und schon hatte er mir das Mikro in die Hand gedrückt. Ich fing aber nicht an zu reden, damit ich die Diskussion der drei oder vier Leute nicht unterbreche. Nach einiger Zeit wollte ich ihm das Mikro zurückgeben, er aber sagte ich sollte es noch halten. Es war auch an der Zeit mit dem Vortrag Schluss zu machen. Da mischte sich der junge Mann in das Gespräch und erklärte, dass noch zwei Wortmeldungen, die sehr geduldig gewartet haben, anzuhören sind. Ich war gar nicht nervös wie ich es sonst bin, wenn ich vor Leuten spreche. Ich stand auch nicht wie die anderen Leute auf, sondern blieb sitzen, wie ich das bei solchen Gelegenheiten immer tue, damit ich nicht so gesehen werden kann. Als ich sprach, wurde es ganz still im Saal. Man hätte außer meiner Stimme eine Stecknadel fallen hören können. Die Leiterin der Akademie stellte sich auf und beobachtete mich mit strahlenden Augen.

Viele der anderen Menschen im Saal hatten Bewunderung in ihren Augen, denn ich sagte Folgendes: „Ich bin seit über zehn Jahren Sterbebegleiterin. Wenn ein Sterbender einen Priester verlangt hätte, weil er glaubt, nur durch ihn können ihm Gott oder andere Menschen verzeihen, hätte ich ganz sicher einen Priester geholt. Bis jetzt hat aber bei mir niemand, der im Sterben lag, einen Priester verlangt. Doch werde ich immer wieder gefragt, wie es im Jenseits sein wird. Ich möchte dazu sagen, ich durfte bei einem Unfall vor vierzehn Jahren ein Todesnaherlebnis erfahren. Es war ein unbeschreiblich schöner Zustand. Ich glaubte, im sogenannten Himmel gewesen zu sein. Als ich wieder ins Leben eingetreten war, war mir bewusst, mich hat ein Motorrad niedergefahren. Ich lebe wieder, aber wenn ich umgedreht werde, kann ich doch für immer tot sein. Ich war ganz entsetzt, weil ich nicht wusste was ich zu tun habe, wenn ich jetzt sterbe. Doch dann kam ein Satz, den ich ein paar Mal sagen musste, um zu verstehen, was er aussagt. Es war als käme dieser Satz von außen und lautete: „Alle die ich verletzt habe, verzeiht mir bitte." Wieder hatte ich ein sehr gutes Gefühl. Ich fühlte mich frei und ungebunden. Bereit zu sterben. Das ist es, was ich Sterbenden vermitteln kann. Wenn jemand am Anfang des Gespräches ganz verkrampft ist und am Ende gelöst, dann glaube ich, ist Vergebung geschehen."

Ich bin mir nicht sicher, ob das was in den Augen des Vortragenden glänzte, Tränen waren. Er sprach ganz gerührt und sah mich dabei liebevoll an, als er sagte, dass es das war, was er vermitteln wollte.

Was meinen Sie, war es der Wille Gottes, dass ich hier war? Ist es für Sterbebegleiter bzw. für jeden Menschen das Wichtigste auf die innere Stimme zu hören?

Ich möchte noch von diesem Abend weiter erzählen, damit sie etwas zum Lachen haben. Der nächste und letzte Sprecher war ein evangelischer Pfarrer. Er begann mit dem Satz: „Ich bin einer der nicht gefragten Priester." Alle lachten und nickten mir vielsagend zu.

Wieder einmal freute ich mich, dem göttlichen Ruf gefolgt zu sein. Es gibt mir ein so wunderbares Gefühl, geführt und geleitet zu werden.

Blockaden können Angst vorm Tod verursachen

Ich staunte sehr, als mich einmal jemand anrief und fragte, ob er mit seiner Mutter zu mir kommen darf, damit ich die Blockaden im Unterbewusstsein seiner Mutter ablöse, die bei ihr Angst vorm Tod verursachen.

Bei der Ablöse fragte ich wie bei jedem vorgegebenem Thema, ob Blockaden dahinter stehen und ob wir sie ablösen dürfen. Wir durften. Die Dame war eine noch rüstige Frau und sie hatte Freude bei dieser Ablöse, weil sie dadurch erfahren hat, woher diese Todesangst bei ihr herrührte. Nach der Ablöse war ihre Angst vorm Tod verschwunden.

Seit mir das von diesem Anrufer bewusst gemacht wurde, habe ich schon bei einigen Leuten die Angst vorm Tod abgelöst. Des Öfteren, wenn jemand selber nicht kommen kann, weil er ans Bett „gebunden" ist, steht ein Angehöriger oder Begleiter als Stellvertreter. Es funktioniert genauso, als würde die betreffende Person da stehen. Sie muss nur vorher gefragt werden, ob sie das möchte.

Ich habe darüber nachgedacht, besser gesagt, ich habe mich geöffnet, um wahrzunehmen, wie solche Blockaden entstehen. Na ja, genauso wie andere Blockaden im Unterbewusstsein entstehen. Diese Angst ist meistens schon Generationen vorher entstanden und wird mit den Genen weitervererbt. Im eigenen Leben gab es dann Situationen, welche diese Angst noch verstärkt haben.

Mein Vater sollte einmal operiert werden, doch da sein Blutdruck zu hoch war, musste die Operation verschoben werden. Als ich das hörte, dachte ich, das ist die Angst vorm Sterben. Er sagte öfter ängstlich: „Zündet ja keine Kerzen an, bevor ich tot bin." Ich fragte ihn, weshalb er das nicht wollte. Er erzählte wie sehr er darunter gelitten hat, dass die Ortsschwester die vorm Tod seiner Mutter geholt wurde, Kerzen am Nachttisch stellte und anzündete. Seine Mutter ist aber erst Tage danach gestorben.

Herausforderung: „Begleiten"

Im Infoblatt der Arbeitsgemeinschaft Haus des Friedens habe ich vor einigen Jahren diesen Artikel geschrieben:
Im Gespräch mit Herrn Siegfried Hetz von der neuen Zeitschrift: „Requiem", hat dieser meine Befürchtung zur Begründung, weshalb so wenige Menschen bereit sind, andere Menschen ehrenamtlich zu begleiten, bestärkt. Er meinte: „Vom Interesse zur Handlung ist es ein weiter Weg."
Ja, so ist es! Wenn ich die Bewegung unserer Mitglieder der ARGE Haus des Friedens betrachte, so ist es die Bestätigung dafür. Einige Zeit dachte ich, dass ich einen oder mehrere Fehler bei meinen sogenannten „Erstgesprächen" mache. Rückfragen bei einigen Interessenten und Interessentinnen haben aber Gegenteiliges versprochen. Eine Frau sagte wortwörtlich auf meine Frage, ob ich einen Fehler bei unseren Gesprächen machte: „Ilschen, du doch nicht." Das ließ mir die Möglichkeit, andere Ursachen zu finden.

Nach den Einzahlungen der Mitgliedsbeiträge, sind wir ca. 50-60 Personen. Bis zur nächsten Aussendung der Erlagscheine nach einem Jahr ist die Zahl der INFO-Blätter auf 120 - 130 angewachsen, wovon ca. 50 - 60 Zahlungen eingehen. Nicht immer von den gleichen Personen wie ein Jahr vorher. Das heißt im Jahr begleite ich ca. 30 - 40 Menschen durch eine Lebenskrise und mit 15 - 20 Personen habe ich ein Erstgespräch. „Erstgespräch" nenne ich das erste Gespräch mit eventuellen Begleitern, welches unter „vier Augen" stattfindet. Bei diesen stellt sich oft heraus, dass der Wunsch zu begleiten gar nicht so groß war, sondern dass sie selber eines Begleitgespräches bedurften. Das heißt, sie waren durstig nach Heilung der Seele und Impulse zur eigenen Betrachtung ihrer Probleme. Ich denke das ist auch so in Ordnung. Damit ist vielleicht mehr Menschen gedient, als wenn diese betreffende Person durch unseren Verein begleiten würde.

Manchmal werde ich angerufen und die Gesprächspartnerin, es sind Großteils Frauen, bedanken sich für meine Hilfestellung. Ich bin der Meinung, dass meine Gesprächspartner dadurch einen gefühlvolleren Umgang mit anderen Menschen gewinnen. Für mich ist das wunderbar. Doch als Begleiter bleiben halt nur wenige übrig.

Ich glaube, Menschen welche liebevoll andere Menschen begleiten, sind ein Juwel in unserer Gesellschaft. Das müssen nicht immer regelmäßige Besuche sein, welche ganz sicher die Fassung des Juwels sind. Doch schon ein Gespräch mit dem Nächsten, aufmerksam und wachsam geführt, kann uns zum „Botschafter Gottes" machen.

Besuch im Heim oder Krankenhaus

Jeder Besucher in Seniorenheimen oder Krankenhäusern steht in der Position zwischen Patienten und Betreuern. Da sind wir Begleiter keine Ausnahme. Wir fungieren als „Vermittler" zwischen den „Parteien". Als Nicht-Verwandte, aber als ausgebildete Begleiter müssen wir wissen, wie man mit dieser Situation umgeht. Ich möchte es auch allen anderen Besuchern in Krankenhäusern oder Seniorenheimen ans Herz legen.

Wie oft habe ich schon von Heimbewohnern gehört: „Mir wurde dieses oder jenes gestohlen". Ich habe nie wirklich erlebt, dass etwas gestohlen wurde. Aber ich gehe mit so einer Aussage genauso sorgfältig um, wie mit meinem Weggefährten oder dem Personal.

Ich lasse mir erzählen, wie und was gestohlen wurde. War es z.B. eine Unterhose oder Bargeld und dergleichen?

Wurde es im Vorzimmer aufbewahrt oder unter dem Kopfpolster, etc.?

Wer hat noch Zugang zum Aufbewahrungsplatz?

Gibt es Zimmergenossen?

Welches Verhältnis haben diese untereinander?

Und vor allem, wie gut kenne ich meinen Weggefährten bzw. Angehörigen?

Seit wann begleite ich ihn?

Gab es schon solche Vorfälle mit der begleiteten Person oder Angehörigen?

Kam das „Gestohlene" wieder zum Vorschein?

Entsprechend dem Bild, das ich mir machen kann, bearbeite ich diesen Vorfall. Kommt mir die Beschuldigung unwahrscheinlich vor, versuche ich meinen Weggefährten oder Angehörigen mit entsprechender Stimme und einfühlsamen Worten dahin zu führen, dass ihm selber bewusst wird, dass kein Diebstahl vorliegt. Ich erzähle unbedingt davon, dass mir „so was" auch schon passiert ist. Nämlich, dass ich etwas verlegt habe und es erst Tage, Wochen oder Monate danach wieder auftauchte. Somit erniedrige ich niemanden, weil wir damit auf der gleichen Stufe stehen. Der Ton spielt dabei eine große Rolle. Der Gesprächspartner muss sich auf jeden Fall ernst genommen fühlen und darf nicht als „Dummchen" oder für hysterisch hingestellt werden.

Der vermeintlich gestohlene Ehering meines Vaters, den er einige Jahre vor seinem Tod vor einer Operation ablegen musste, kam nie mehr zum Vorschein. Ich glaube allerdings, dass er nicht gestohlen wurde wie mein Vater meinte, sondern dass er auf etwas Weiches fiel und leise weiter rollte. Die Bedienerin wird ihn unbeachtet aufgesaugt oder weggekehrt haben. Ich glaube nicht, dass sich jemand einen fast sechzig Jahre alten, schon zum Abreißen dünnen Ehering aneignet. Nachdem meinem Vater der Ehering sehr wichtig war, tat er das, was ich ihm empfohlen habe. Er steckte sich zu Hause einen Pro-forma-Ring an den Finger. Bei der bald darauf folgenden diamantenen Hochzeit, gab es für beide Elternteile einen neuen Ehering. Ich könnte noch einige Erlebnisse über „Scheindiebstähle" von Menschen, welche ich begleitete, erzählen.

Ein anderes Problem ist die Liebenswürdig- oder Nichtliebenswürdigkeit des Personals bei den Menschen, welche wir besuchen. Von Haus aus muss ich sagen, das Personal hat es nicht leicht, täglich mit was-weiß-ich wie vielen Personen und gleichzeitigem

Zeitmangel, immer liebenswürdig zu sein. Noch dazu können sie sich nicht die Menschen, welche sie betreuen aussuchen. Daher schätze ich es sehr, dass ich als Ehrenamtliche, oder Freundin, mir die Menschen aussuchen kann, welche ich besuche. Bei Familienangehörigen ist es ja mit dem Aussuchen nicht gut bestellt. Aber ich kann mir aussuchen, wann und wie oft ich besuche.

Berufliche Betreuer haben keine Wahl. Sie müssen auch schwer umgängliche Menschen betreuen und das fast jederzeit. So kommt es oft vor, dass es diesbezügliche Beschwerden gibt.

Ich lasse mir erzählen, was, wann, wie oft, von wem passierte. Erst danach wiege ich ab, ob ich mit meinem Weggefährten so reden soll, dass er die Krankenschwester oder den Krankenpfleger besser verstehen oder nachsichtiger sein kann, oder ob ich ein Gespräch mit der Krankenschwester oder dem Pfleger führe. Auch bei diesem Gespräch gehört viel Einfühlungsvermögen dazu, um keine noch größere Disharmonie zu erzeugen. Bisher musste ich solche Gespräche erst führen, als ich vom Personal schon mit meinem Umgang mit Menschen akzeptiert wurde. Das heißt, sie wussten, dass ich keine Wichtigtuerin bin und nur, wenn ich es unbedingt für nötig halte so ein Gespräch führe.

Ich glaube nicht, dass irgendjemand ein Recht hat, in einer Institution aufrührerisch zu agieren. Nicht unterordnen, jedoch „einfügen", das ist es, was es ausmacht, dass ich schon seit über dreißig Jahren in Krankenhäusern und Altersheimen gut angenommen werde. „Einfügen" dieses Wort gefällt mir. Es drückt nämlich genau das aus, was ich meine. Durch Einfügen, kann man etwas reparieren, heil machen, ergänzen, vervollständigen. Das alles ist es, was in Krankenhäusern, Heimen, Gemeinschaften und Organisationen nötig gebraucht wird. Dieses gilt auch für die Familien.

Einen Punkt möchte ich noch anschneiden und zwar, wir leben in einem Land mit Religionsfreiheit, trotzdem oder gerade deswegen dürfen wir genauso, wie bei jeder unserer anderen Überzeugung keinen Schutzbefohlenen „zwangsbeglücken". Das gilt genauso bei Angehörigen.

Eine Begleiterin sagte einmal zu mir, weil sie der Meinung war, nur Beten könne „ihrer Dame", die von beten nichts gehalten hat, helfen: „Immer wenn ich aus dem Zimmer draußen bin, bete ich für sie". Ich denke, das war sehr weise von der Begleiterin.

Was ich dir noch sagen wollte

„Was ich Dir noch sagen wollte" so begannen einige Sätze von Edith bei meinem letzten Besuch bei ihr. Als ich vom damals mir noch nicht bewussten, letzten Besuch von Edith nach Hause kam, bestellte ich meiner Tochter die Grüße von Edith und sagte: „Ich glaube Frau Moravic wird bald sterben. Sie wollte mir einiges sagen, was mir das Gefühl gibt, dass sie bald sterben wird." So war es auch. Einige Tage nach meinem Besuch fiel sie plötzlich ins Koma. Bald danach verstarb sie, ohne dass wir noch einmal miteinander gesprochen hatten.

Wer von uns beiden fühlte, dass wir uns vorher noch einmal sehen müssen, weiß ich nicht genau. Ich glaube aber, dass ich der „Empfänger" war, wie man das so nennt. Warum?

Bei einer Meditation hatte ich die Eingebung, dass es für mich erst einen Neubeginn geben kann, wenn ich an die Vergangenheit nicht mehr „gebunden" bin. Ich dachte nach, was gemeint sein könnte, dabei fiel mir ein, dass ich meinen Ehe- und Vorsteckring noch in der Schmuckschatulle liegen hatte. Für mich ist ein Ring wirklich ein äußeres Zeichen der Verbundenheit. Die Goldscheideanstalt liegt in der Nähe von Ediths Wohnung. Ich verband daher das Angenehme mit dem Nützlichen und rief Edith an, dass ich sie am nächsten Nachmittag besuchen werde.

Ich wollte auch den Erlös für die Ringe nicht behalten, also kaufte ich um dieses Geld Blumen für Edith. Beim Blumenhändler hatte ich noch eine unvergessliche Unterhaltung mit dem Blumenhändler, seiner Verkäuferin und einem Kunden. Mit dem schönen Blumenarrangement ging ich zu Edith. Aus verschiedenen Gründen, die ich hier nicht anführen möchte, glaube ich, es war kein Zufall. Es war eine Verabschiedung für immer. Von Gott geleitet, vom Heiligen Geist geführt. Ich bin sehr froh darüber, dass ich die „Wahrnehmung wahr - genomen" habe. Ich hätte ja auch erst einige Tage danach diese Idee des Besuches haben können. Da wäre es doch zu spät gewesen. Es war der richtige Zeitpunkt. Auch das Gespräch war dementsprechend.

Der Anruf der Nachbarin, die mir den Tod von Edith mitteilte und unser Gespräch, das wir hatten, war für mich so, wie: „Lazarus komm heraus!" Wir hatten Edith noch einmal zum Leben erweckt und ich glaube, es tat uns beiden gut. Nach dem Telefonat zog ich mich zurück und ließ der Trauer freien Lauf. Ich durchlebte die zwanzig Jahre, die ich Edith kannte, noch einmal.

Edith hatte keine Kinder. Ihr Freundeskreis war klein. So lange ihr Mann Josef lebte, war sie sehr couragiert. Der Tod ihres Mannes, der aus seinem letzten Mittagsschlaf nicht mehr aufwachte, brachte sie ein bisschen aus dem Konzept. Seither besuchte ich sie regelmäßig. Anfangs noch sehr oft, als sie sich an das „Alleinsein" gewöhnt hatte, weniger. Wer sich erinnern kann, sie war die Frau vor einigen Jahren, die mir bei einem Gespräch vor laufender Fernsehkamera zu weinen anfing. Zuerst wusste ich nicht, wie ich vor der Kamera reagieren sollte. Doch nach den ersten Schrecksekunden, dachte ich, es macht keinen Unterschied, ob Kamera oder nicht.

Beim letzten Besuch besprach ich noch einmal mit Edith, ob es nicht doch besser für sie wäre, sie würde in ein Heim gehen. Ihre Erklärungen dagegen waren aber für mich verständlich.

Bei der Verabschiedung sagte ich zu ihr: „Dass ich für dich da bin, wenn du mich rufst, weißt du!?" „Ja, das weiß ich", war ihre Antwort. Ich hatte dabei ein ganz seltsames Gefühl, so, als ob ich mich auch mit: „Was ich dir noch sagen wollte", verabschieden sollte.

Auferweckung des Lazarus

Da waren zwei Schwestern, Marta und Maria, die um ihren liebenswerten Bruder Lazarus weinten, weil er gestorben war. Lazarus muss liebenswert gewesen sein, da viele Juden mit Marta und Maria um ihn weinten. Ein guter Freund der beiden Schwestern, nämlich Jesus, hörte vom Tod seines Freundes Lazarus. Auch er weinte. Nun ging er zu Marta und Maria um sie zu trösten. Bei der göttlichen Weisheit und Liebe die Jesus besaß, kann ich mir vorstellen, dass er sich zu Marta und Maria und allen anderen Trauernden setzte und begann über Lazarus zu sprechen. Über gemeinsame Erlebnisse und über Erlebnisse, die er nur vom Hörensagen kannte.

Liebevoll entlockte er Marta und Maria ihre Erinnerungen an ihren Bruder Lazarus. Er geht auf sie ein, immer mehr, immer aufmunternder, immer fröhlicher, so „lebendig", dass er Lazarus für alle „auferweckte".
Für mich ist das eine wunderbare Botschaft!

Als mich nach dem Tod von Edith ihre Nachbarin angerufen hat, haben wir beide es so gemacht, wie es Jesus wahrscheinlich bei Marta und Maria gemacht hat.

Der Tod ist eine Geburt

Auch auf die Gefahr hin, dass Sie der Meinung sind ich hätte nicht alle Tassen im Schrank, wie man so sagt, möchte ich Ihnen über die Vision, die ich nach dem Tod meiner Schwägerin hatte, erzählen. Aus Angst meine Familie würde sagen, ich gehöre in die Klappsmühle, habe ich es erst nach Tagen meinen Töchtern und nach Wochen meinen Eltern erzählt.

Einige Jahre vor dem Tod meiner Schwägerin war sie der Auslöser, dass ich mich von meinem Mann getrennt habe. Ich habe sie aber deswegen nicht verurteilt, sondern ich war der Meinung, dass sie nur das Werkzeug Gottes war. Deshalb fühlte ich mich, als wir erfuhren, sie habe Krebs im letzten Stadium, für sie verantwortlich. Ich fühlte mich nicht schuldig, sondern verantwortlich für sie zu beten, da ich nicht Gleiches mit Gleichem vergelten wollte, sondern Lieblosigkeit mit Liebe. Ich habe ihr ganz sicher ihren Leidensweg nicht gewünscht. Noch weniger meinem Bruder und seinen beiden Kindern, die damals zwölf und vierzehn Jahre alt waren. Es war die große Liebe, die mein Bruder verlor. Meine Gebete waren so inbrünstig und ich bat Gott so sehr, dass er ihr von meiner Kraft gibt, dass ich fast selber keine Kraft mehr hatte. Ich bat nicht um ihre Genesung, sie hatte fünf Tumore und Metastasen im ganzen Körper. Meine Bitte war, das geschehen zu lassen, was für sie gut ist. Sollte es der Tod sein, möge Gott ihr helfen das Sterben anzunehmen und der Familie als Segen angedeihen zu lassen.

Eines Abends riss mich das Läuten des Telefons aus dem Gebet und mein Bruder sagte mir, dass vier von den fünf Tumoren weg sind. „Ich glaube das kommt vom Beten" war meine spontane Reaktion. „Dann ist es gut" antwortete mein Bruder, „bete weiter, denn ich kann nicht". Es vergingen Wochen wo wir meinten, dass es bergauf mit der Gesundheit meiner Schwägerin ginge.

Da hatte ich eines Abends das Gefühl: „Ich muss sie loslassen, sie braucht mich nicht mehr." Bei diesem Gefühl dachte ich, dass sie nun gesund sei. Aber am nächsten Tag verständigte mich die Älteste von uns Geschwistern im Auftrag meines Bruders, dass meine Schwägerin verstorben war. Nun galt mein Gebet ihrer Seele. Gott möge sie seine Nähe fühlen lassen. Beim Gottesdienst vor dem Begräbnis suchte ich sie. Ich hoffe sie verstehen, was ich damit ausdrücken möchte, weil ich es im Moment nicht besser erklären kann, doch sie war nicht da. Viele Menschen waren beim Begräbnis, es gab Berge von Kränzen und Blumen. Als der Gottesdienst zu Ende war und wir uns zum Gang auf den Friedhof formieren mussten, war sie plötzlich da. Nicht als Körper, sondern wie eine Scheibe oder Sonne, die ihr Gesicht darstellte. Du musst jetzt warten, dachte ich kurz, weil der Aufbruch zum Friedhof meine Aufmerksamkeit in Anspruch nahm, anschließend das Totenmahl. Am nächsten Tag, ich fuhr mit der Straßenbahn, es war Sonntag daher war ich fast allein im Waggon, war sie wieder da. Wir kommunizierten miteinander, nicht mit Worten sondern mit Fühlen (telepathisch), das ich dann in gedankliche Worte umsetzte.

Sie begann mit: „Ich bin frei, mich braucht ihr nicht mehr zu betrauern." „Was heißt, ich bin frei", wollte ich wissen. „Ich bin frei" antwortete sie immer wieder. Es war als würde sie eine Handbewegung dazu machen. „Ich bin frei." Meinst du das helle Licht, von dem man oft hört? „Ich bin frei" und immer diese Handbewegung dazu. Ist es Gott den du fühlst? „Ich bin frei". Ist es die dunkle Röhre?

Plötzlich wusste ich es. Es ist die Geburt. Das Zeichen der Hand beschrieb das gebären eines Babys. Nie zuvor hatte ich den Tod mit „frei sein" oder einer „Geburt" in Verbindung gebracht. „Was hat Dir dazu geholfen?"

fragte ich sie. Wieder eine Handbewegung - über alle Menschen die in der Kirche versammelt waren. „Das war es!" meinte sie. Wären das meine eigenen Gedanken gewesen, hätte ich gedacht, dass es meine Gebete waren. Mir wurde wieder einmal bewusst gemacht, wie viel Kraft und Energie wohlwollende Gefühle und Gedanken erzeugen. Bei so vielen Menschen nenne ich es die „geballte Kraft". Nie zuvor hätte ich z.B. gesagt: „Mich braucht ihr nicht mehr zu betrauern." Ich würde sagen: „Um mich braucht ihr nicht mehr trauern." Es waren also nicht meine eigenen Gedanken oder Hirngespinste, sondern es war eine Botschaft.

Auferstehung von dem Toten

Für mich ist die Fastenzeit ein Zugehen zum Tod. Ein Vorbereiten auf den Tod, obwohl ich seit vielen Jahren so lebe, dass ich jederzeit zum Sterben bereit bin.

Es ist schon lange her, da hatte ich so viel Kummer und Sorgen und das Gefühl, ich schaffe das nicht allein. Es war gerade Osterzeit. Ich nahm das Gebetbuch zur Hand, las und erlebte in meinem Geist den Kreuzweg Jesu. Ein wunderbares Gefühl erfasste mich, weil ich im Leid nicht mehr allein war. Für mich war mein Weg ebenso schwer, als würde ich das Kreuz Jesu tragen. Statt der körperlichen Schmerzen hatte ich seelische Schmerzen - so groß, dass ich seit Monaten nicht mehr lachen und was eben so schlimm ist - nicht mehr weinen konnte. Nun aber weinte ich, nicht um mich, sondern anlässlich des Leidens Jesu. In der Osterwoche halte ich seither Einkehr und bereite mich auf die Auferstehung, die ja immer wieder nach dem Tode kommt, vor.

Auferstehung erleben wir, uns ist es nur nicht immer bewusst. Nach dem Leid kommt die Freude. In den letzten Jahren fiel mir auf, dass mich Bilder von der Himmelfahrt Jesu besonders ansprechen. Bei verschiedenen Gesprächskreisen haben wir auch darüber gesprochen. Beim Farbenseminar war es z.B. die Farbe des roten Umhanges, wie die Referentin meinte. Ein anderes Mal, wo beim auferstandenen Jesu ein Lamm lag, das Lamm etc. Es war nach der Israelreise bei der wir im Hollocaust-Museum die unschuldigen Kinder besuchten, wo mir bewusst wurde, was das Bild des in den Himmel auffahrenden Jesus in mir bewirkt. Erlösung ist das Zauberwort. Frei von jeder menschlichen Last, selig sein in der göttlichen Geborgenheit.

Ich muss mich oft mit der Freude auf den Tod zurückhalten. Manche Menschen schätzen mich für herzlos ein, wenn ich so selbstverständlich über den Tod rede. Ein Arzt sagte einmal zu mir, als ich mein todesnahes Erlebnis als Entschuldigung vorbrachte: „Na ja, da waren sie nur einige Minuten tot, doch die Ewigkeit dauert viel länger." Mit meinem herzlichen Lachen und meiner Antwort: „Wenn ein paar Minuten schön sind, tut es gut zu wissen, dass die Ewigkeit lange dauert", regte ich ihn zum Nachdenken an.

Meine Begleitung bei Sterbenden und Todkranken ist daher: „Ein miteinander Sterben, ein Begleiten bis zur Schwelle des Todes". Da habe ich auch immer wieder das Bedürfnis, allen Schmuck, außer Uhr und kleinen Ohrsteckern, die für mich nur ein Mittel zum Zweck sind, abzulegen.

Auf der Schwelle zum Angesicht Gottes, gibt es nur die reine Wahrheit, kein Schmuck kann Selbstsicherheit vortäuschen. Klein und niedrig, demütig und reinen Herzens sollen wir aus dem Leben scheiden. Vielleicht ist es kein Zufall, dass ich bei meinem Unfall, bei dem ich den Tod erleben durfte, die Halskette verloren habe.

Mitgefühl statt Mitleid

Bei aller Liebe und Zuneigung zu unseren Mitmenschen, dürfen wir Begleiter nicht das Leid anderer Menschen übernehmen, sonst brechen wir unter der Last zusammen, und damit ist niemandem geholfen.
Das Gleiche gilt aber auch für Angehörige.
Wir müssen lernen mitzufühlen, gleichzeitig müssen wir aber auch lernen nicht mitzuleiden. Ich weiß aus eigener Erfahrung, dass ein Mensch Leid und Schmerz eines anderen Menschen übernehmen kann.

Der wunderbare, leider schon verstorbene Dr. Ernst Heftner sagte immer: „Ihr dürft euren Rucksack nicht mit den Leiden der anderen Menschen füllen, sonst wird er euch eines Tages zu schwer." Andere Lehrer für Lebens-, Sterbe- und Trauerbegleitung meinten: „Mitfühlen, aber nicht mitleiden." Einige Beispiele, wie wir uns davor schützen können, mitzuleiden:

- ✓ Gott um seinen Beistand bitten.

- ✓ Beide Hände zum Abschirmen
  etwa zehn Zentimeter mit den Handflächen nach außen vor unsere Brust halten.
  Zur Bekräftigung wirken noch die gedachten Worte: „Ich lasse dich nur bis daher."

- ✓ Cutten, das heißt; die Verbindung, die beim Zusammensein mit anderen Menschen entsteht, zu durchtrennen. Dabei wendet man eine Hand als wäre sie ein Buschmesser oder ein Schwert an und durchtrennt schlagartig die Verbindung.

- ✓ Der Gedanke: „Ich kann helfen, indem ich begleite."
  Werden Sie sich dessen bewusst, wie viel Ihre Begleitung bewirkt. Wie viel Liebe und damit Kraft Sie durch Ihre Anwesenheit und die

richtigen Worte zur rechten Zeit schenken. Damit vermeiden Sie, ein schlechtes Gewissen zu bekommen.

Es schmerzt mich bis tief in die Seele, wenn ich höre, dass jemand vom „Klienten" spricht, wenn er den Menschen meint, den er als Außenstehender, also nicht als Angehöriger, begleitet. Meine Gedanken dazu sind folgende:

„Klient" ist jemand, der die Hilfe eines Rechtsanwaltes, Notars oder Steuerberaters in Anspruch nimmt. „Patient" ist jemand, der einen Arzt aufsucht, und „Schützling" hat den Anstrich von unbeholfen oder tollpatschig. Bleibt noch die Möglichkeit ihn einen „Freund oder Freundin" zu nennen, wenn der Mensch gemeint ist, den wir ein Stück seines Lebensweges begleiten. Dem wir mit unserer Liebe und unserer Erfahrung im Umgang mit Menschen, ihrer Seele, ihrem Körper und Geist stützen und ihm mit unseren Worten Kraft geben wollen. Dabei haben wir so oft Gelegenheit, tief in seine Seele zu blicken. Die Folgerung daraus wäre, man distanziert sich von dem Menschen, oder er wird zum „Freund".

Für mich ist in der Begleitung das richtige Wort: „Gefährte". Als „Begleiter" gehe ich mit dem (Weg) Gefährten. Ich begleite ihn auf dem Weg durch die Krise. Im Sprachgebrauch ist klar zu erkennen, wer der Begleiter, und wer der Gefährte ist.

Anders ist es bei Therapeuten und Heilern, die keine Ärzte sind. Ein Mensch, der sich an sie wendet, ist weder Klient noch Patient. Ich könnte mir gut das Wort „Pakli", zusammengesetzt aus dem Wort Patient und Klient, vorstellen. Jeder wüsste bei der Verwendung dieses Wortes, was gemeint ist.

Sibirien
Im Gedenken an unseren unvergesslichen
Sigmar Bergelt 29.10.1996.

Isabella, die Gründerin und bis 1998 die Obfrau der Arbeitsgemeinschaft Haus des Friedens, konnte noch kurz vor seinem Tod mit ihm sprechen. Rosalinde (aus vertraulichen Gründen wurde der Name anonymisiert) wollte ihn besuchen, Sigmar hatte aber in der Nacht davor die Augen für immer geschlossen. Einige Wochen vor seinem Tod hatte er mich angerufen, um mir mitzuteilen, dass er mich in seine Liste für Personen die „im Notfall verständigt werden sollten" eingetragen hat. Als ich einige Zeit danach bei ihm angerufen habe, um nachzufragen wie es ihm geht, erklärte mir seine Frau, dass er im Moment unterwegs wäre, aber es ginge ihm gut.

Beim Begräbnis überbrachten wir einen Kranz mit rosa Nelken und letzte Grüße „In Liebe - Haus des Friedens".
Die Grabrede sprach ich zu Hause so lange auf Band, bis ich mich „ausgeweint" hatte. Dadurch konnte ich sie zwar zitternd, den Zettel fest in meinen Fingern verkrampft und bewegt, aber ohne Tränen vorbringen.

Felix Mitterer gab mir noch mit einem Kopfnicken Kraft. Als bei einem bestimmten Satz (alle die Sigmar kannten, wissen bei welchem), ein Lächeln über die Gesichter der Trauernden huschte, wusste ich, dass es die richtigen Worte waren, die ich gesprochen habe.

Wir verabschieden uns von unserem Ehrenmitglied der „Arbeitsgemeinschaft Haus des Friedens",
SIGMAR BERGELT.

Wieder ist Sigmar der Mittelpunkt in unserer Gemeinschaft. Dieses Mal aber nicht, um uns den alten Mann aus „Sibirien" vorzuzeigen. Dieses Stück hat Felix Mitterer für ihn geschrieben und niemand konnte es so gut spielen wie Sigmar, auch ein berühmter Burgschauspieler nicht.

Wir sind auch nicht hier, weil er wieder von der Stadt Wien geehrt wird.

Dieses Mal ist sein großer Auftritt eigentlich sein Abtritt.
Er geht uns allen dahin voraus, wo es ihm ganz sicher besser geht, als es ihm je auf dieser Erde gehen könnte. Vergönnen wir ihm die Ruhe und den Frieden und beten wir darum. Danken wir im Gebet Gott dafür, dass wir Sigmar kennenlernen und ihn ein Stück seines Lebensweges - wenn auch nur ein kurzes Stück - begleiten durften. Beten wir auch für seine Familie, die nun ganz ohne ihn weiterlebt.
Ruhe in Frieden Sigmar!

Begleitung als Lehre

Wenn man jemand begleitet, heißt das, man geht mit ihm ein Stück seines Weges oder bis an sein Ziel. Mein Ziel als Begleiterin ist oft ein würdevoller Tod des Weggefährten. Für viele Menschen in der heutigen Zeit, ist der Tod der Schrecken des Lebens. Zum einen, weil es bedeutet, dass sie von dem Schönen und Lebenswerten Abschied nehmen müssen, zum anderen, wird der Tod meistens mit Schmerzen verbunden. Heute muss das allerdings nicht mehr so schmerzhaft sein. Seit unserer Unterschriftensammlung zur besseren Schmerzlinderung vor Jahren, hat sich die Schmerztherapie (Onkologie) sehr verbessert. Viele der unheilbar kranken Menschen, können dadurch ein bewusstes Leben bis zum Tod leben. Dadurch kann der Sterbende sein Leben noch in Ordnung bringen und von seiner Familie und Freunden Abschied nehmen. In solchen „Fällen" ist Begleitung noch wichtiger.

Nicht jeder Begleiter (mit Begleiter spreche ich auch die begleitenden Angehörigen an) muss unbedingt dem Tod begegnen oder Menschen beim Sterben begleiten. Trotzdem finde ich es wichtig, dass sich Begleiter mit dem Tod auseinandersetzen. Dadurch können sie mit dem Leben sinnvoller umgehen und somit auch mit den Menschen. Begleiter, die mit dem Tod nichts anzufangen wissen, haben oft Probleme beim Umgang mit alten oder kranken Menschen. Bei Begleitern in unserem Verein legte ich großen Wert darauf, den Tod nicht nur zu akzeptieren, sondern den eigenen Tod auch als Bestandteil des Lebens annehmen zu können oder es zu lernen. Es gibt einige Übungen dafür, doch die besten Lehrmeister sind auch hier die eigenen Erlebnisse und Erfahrungen. Übungen sollten mit einem geschulten Therapeuten oder Begleiter der die Fähigkeit hat, den Übenden nicht in eine Depression oder das sogenannte „schwarze Loch" fallen zu lassen, gemacht werden. Aus diesem Grunde biete ich in diesem Buch auch keine Übungen an.

Ich glaube, alle Menschen sind als Begleiter geboren. Durch unsere Gesellschaft haben es viele verlernt und jene, denen Gott Begleitung als „Gabe" mit-ge-geben hat, sind sehr wichtige Lehrer für die Menschen unserer Zeit. Mir fällt dazu der Satz ein: „Gehet hin und lehret alle Völker." Für mich heißt das nicht, alle Völker zu missionieren, sondern, lehren heißt für mich, vorleben bzw. vorzeigen. Das ist die Aufgabe die Begleiter oder begleitende Angehörige übernehmen, vorzuleben, wie wir mit kranken oder alten Menschen umgehen müssen, um dadurch das ewige Sein, in Geborgenheit zu erlangen.

Unser eigenes Leben erhält damit eine andere Wertschätzung. Das wiederum bedeutet, die Werte verlagern sich, der Schatz liegt in der Liebe. Doch die Liebe ist zu erlernen, für jene Menschen, bei denen die Liebe bisher zu kurz kam. Alle Begleiter, gehören unter anderen Menschen zu denen, die dafür berufen sind, Liebe zu lehren – vorzuleben und Menschenwürde und Lebenssinn zu vermitteln.

Der Bub

Mein Vater war im Krieg Unteroffizier bei der Sanität, dadurch hatte er gute Kenntnisse von „Erster Hilfe". In unserem Wohnort gab es keinen Arzt, daher versorgte er oft bei Verletzungen die Leute bis zum Eintreffen des Arztes aus dem Nachbarort.

Eines Nachts, es war gegen Mitternacht und meine Eltern waren schon im Bett, klopfte es am Fenster. Ich öffnete, ein Mann aus unserem Dorf war draußen und bat mich, schnell den Arzt zu rufen. Wir hatten zu dieser Zeit das einzige Telefon im Ort. „Unser Bub ist erstickt" sagte er nur und war schon wieder weg. Sofort rief ich den Arzt im Nachbarort an. Der machte sich gleich auf den Weg. Unser Bub, wie der Mann sagte, war ein zehn Monate altes Baby. Nach zwei Mädchen, der ersehnte Junge. Eines der beiden Mädchen war eine Freundin meines kleinen Bruders. Sie hatte oft ihr jüngeres Brüderchen mitgebracht. Nachdem es für mich immer schon das Schönste was es gibt, die Kinder waren, hatte ich große Freude mit dem kleinen Kerl.

Nach dem Telefonat lief ich sofort zu meinem Vater ins Schlafzimmer, Hemd und Hose nahm ich gleich mit. „Bitte Papa komm schnell, der kleine Bub der N....'s ist erstickt, du musst ihnen helfen." Bis Papa angezogen war, hatte ich schon die „Verbandslade" geholt und er lief gleich los. Er sprang aus dem Fenster, das ich ihm inzwischen geöffnet hatte, um durch die Tür keinen Umweg zu machen. Nur einige Häuser von uns entfernt wohnte jene Familie. Die Wiederbelebungsversuche meines Vaters konnten das Kind nicht mehr retten. Bis der Arzt da war, gab Papa nicht auf. Der Arzt musste den Tod des Kindes feststellen und konnte nur mehr die Eltern versorgen. Die Mutter des kleinen Jungen hatte einen Nervenzusammenbruch erlitten.

Der Tod des Kindes das ich sehr lieb gewonnen hatte, war für mich mit meinen damals siebzehn Jahren, eine meiner schrecklichsten Erlebnisse bis heute. Ein Kind zu verlieren, ist meiner Meinung nach das Schlimmste, das einer Mutter, aber sicher auch für einen guten Vater, geschehen kann. Dabei stellte sich bei der Obduktion des verstorbenen Kindes heraus, dass niemand diesen Erstickungstod hätte verhindern können. Es handelte sich um eine nicht sichtbare Kinderkrankheit. Beim Begräbnis war ich sehr traurig und unglücklich. Irgendetwas an diesem Ereignis, hat mich mit diesem betroffenen Ehepaar verbunden. War vorher schon ein Wohlwollen vorhanden, seither ist es aber für mich ein tiefes Gefühl der Verbundenheit.

Als ich später selber kleine Kinder hatte, hatte ich immer Angst, sie könnten ersticken. Oft stand ich nachts auf um zu horchen, ob sie noch atmen. Alles hatte ich immer befestigt, damit sie frei atmen konnten und nichts passieren konnte.

Die Liebe als Therapie

Wieder einmal war es am Altensonntag, den wir jedes Jahr mit alten und kranken Menschen in unserer Pfarre feiern, wo mir „die Erleuchtung" kam. Zwei Stunden bevor ich wegfuhr, um eine alte Dame abzuholen und sie in das Pfarrhaus zu bringen, hörte ich Musik und vertiefte mich ins Gebet.

Mein Vater trat mir ins Bewusstsein, er dürfte an der Alzheimer Krankheit oder Demenz gelitten haben und war sehr aggressiv. Plötzlich wurde mir bewusst, wie ich das Verhalten meines Vaters annehmen könnte, er will doch gar nicht so sein, wie er ist. Diese Krankheit nimmt ihm nur die Kraft dagegen anzukämpfen, dachte ich.

Seine Hysterie, die mich mein Leben lang belastete, war vielleicht schon der Beginn. Ich wusste, ich muss meinem Vater sagen, dass ich ihn lieb habe. Wie so oft hatte ich das Gefühl, ich müsse es ihm sofort sagen, denn im nächsten Moment könnte es zu spät sein. Daher rief ich ihn gleich an und teilte ihm meine Liebeserklärung mit. Ich sagte ihm, dass ich ihn lieb habe. „Seit wann wieder?" war seine Antwort. Worauf ich ihm antwortete: „Immer schon, nur du merkst es nicht. Ich merke auch nicht immer, dass du mich lieb hast und nehme schon an, dass du es tust." Ob er diesen Satz verstanden hat, weiß ich nicht. Da er doch meistens sehr präzise dachte, nehme ich es aber schon an.

„Na ja" meinte er als Nächstes: „Du explodierst halt immer und dann tut es dir eh' wieder leid." Ich musste herzlich lachen und erinnerte ihn, dass ich seit über zwanzig Jahre nicht explodiert sei. Er könne doch meine Töchter fragen. „Na ja" meinte er darauf, „Einmal der Gigl und einmal der Gogl." Was immer er damit sagen wollte, ich gab ihm darauf keine Antwort und sprach von etwas anderem. Obwohl er es war, der mich mit seiner Strenge dazu erzog, immer zu antworten, war er erleichtert, dass ich es nicht tat. Wir plauderten eine dreiviertel Stunde lebhaft miteinander über alles Mögliche. Seine Stimme, die am Anfang unseres Gespräches sehr welk klang, blühte auf.

Ich glaubte, ich hätte den Weg gefunden, den ich mit ihm gehen kann und habe mir fest vorgenommen, wenn er aggressiv wird, sofort etwas Liebes zu sagen, somit nehme ich ihm den Wind aus den Segeln. Dazu muss ich erklären, dass ich damals noch in meinem damaligen Beruf arbeitete und die Blockadenablöse noch nicht kannte.

Auf der Friedensakademie habe ich gelernt:
„Der, dem du eine Rose schenkst, schießt nicht auf dich." (Diese Aussage erinnert mich immer wieder an meine Schutzpatronin, die Hl. Elisabeth.) Dieses habe ich mir bei meinem Vater auch vor Augen gehalten.

Mein Vater hat mich nach diesem Gespräch manchmal drei Mal in der Woche angerufen, was er sonst im ganzen Jahr nicht machte. Seine Stimme war voll Leben, eine Innigkeit in seinem Ton.

Einige Zeit später gab ihm die Freundin meines jüngeren Bruders heimlich Beruhigungspulver in den Kaffee. Als sich mein Bruder von ihr trennte (nicht deswegen, es gab andere Gründe), gab ihm mein älterer Bruder der damals fünfzig Jahre alt war, von seinen anti Depressiva.

Als mein Vater wieder schwieriger wurde, rief mich mein Schwager an und ersuchte mich, mit meinem Vater zu reden, denn er ist wieder aggressiv. Daraufhin rief ich meinen Vater an und sagte ihm, dass mir mein Schwager erzählte, ihm gehe es nicht gut. Ich erklärte ihm, dass er Medikamente nehmen sollte, aber nicht die vom Bruder. Er als halber Arzt wird wissen, dass es einen Unterschied gibt, ob ein Medikament von einem Fünfzigjährigen eingenommen wird oder von einem über Achtzigjährigen. Dass ich ihn als „halben Arzt" angesprochen habe, hat ihn stolz gemacht und er ließ sich darauf ein. Ich rief also die Arzthelferin an, dass mein Vater am Nachmittag um Medikamente gegen seine Aggression zu ihr kommen wird. Diese erklärte mir, dass er da schon vom Arzt untersucht werden muss. Nun rief ich wieder meinen Vater an, um ihm zu sagen, dass ich einen Termin beim Arzt für ihn vereinbart habe. Von der Untersuchung sagte ich vorerst nichts. Das würde ihm die Arzthelferin erklären. Bei depressiven Menschen darf man nur einen Schritt nach dem anderen setzen. Was dabei noch wichtig ist, es fehlt ihnen meistens die Kraft einen Termin zu vereinbaren und das hatte ich für ihn schon erledigt. Nach diesen Medikamenten war er bis zu seinem Tod nicht mehr aggressiv.

Einige Jahre vorher ist mir aufgefallen, dass er beim Gehen „zepperlt". Wenn sie diesen Ausdruck nicht kennen: Man macht kleine schlürfende Schrittchen, statt Schritte. Damals sprach ich mit ihm darüber, dass das der Beginn einer Demenz sein könnte. Ich erklärte ihm, dass er das selber hinauszögern oder sogar verhindern kann. Er sollte bewusst gehen. Dabei nicht schlürfen, sondern die Beine heben. Keine kleinen Schritte, sondern größere machen. Er hat es dankbar angenommen und ich merkte bei den nächsten Besuchen, dass er das wirklich befolgte.

Als mein Vater dement wurde und dabei sehr aggressiv war, schrieb ich die nachstehenden zwei Artikel im Infoblatt unseres Vereines.

Wir Begleiter müssen trotz aller Fürsorge für andere Menschen auch auf unsere eigene Familie gebührend achten. Wahrscheinlich wissen Sie genauso wie ich, dass Begleitung „in den eigenen Reihen", damit meine ich die eigene Familie und Verwandtschaft im weiteren Sinne, komplizierter ist, als bei fremden Menschen. Umso besser muss man sich prüfen, ob man genug Selbstwertgefühl hat, um über so manche Verletzungen hinwegsehen zu können.

Ich finde es unverantwortlich, wenn ein Begleiter bei jemanden aus dem weiteren Verwandtenkreis die Besuche abbricht, nur weil er private Probleme z.B. mit der eigenen Schwägerin hat. Noch schlimmer, wenn man das bei einem Festtag des Menschen tut, der sowieso nicht mehr lange leben wird, weil er schon schlecht beisammen und 97 Jahre alt ist.

Es macht mich traurig wenn ich nachfrage wie es dem Vater eines Mitgliedes geht und höre, dass er (der Vater) sagt: „Die Besucherin, welche ich am liebsten hatte, will nicht mehr zu mir kommen. Was habe ich ihr nur getan?"

Wenn ich selber in solchen oder ähnlichen Situationen bin, frage ich mich immer: „Wie wird es mir für den Rest meines Lebens gehen, wenn ich diese oder jene Handlung setze und der Mensch, welchen es betrifft stirbt?" Ich habe es am eigenen Leib erlebt und bei einem sehr guten Freund, dass man von einem Moment auf den anderen tot sein kann. Da hat man keine Zeit mehr, einen Fehler wieder gutzumachen. Das sollte man dabei bedenken.

Zu einer Gesellschaft aller Lebensalter
(1998)

1999 wurde von den Vereinten Nationen unter dem Motto: „Zu einer Gesellschaft aller Lebensalter" zum „Internationalen Jahr älterer Menschen" ausgerufen.

Zur Vorbereitung und Begleitung des Jahres, wurde mit Ministerratsbeschluss im Bundesministerium für Umwelt, Jugend und Familie ein Österreichisches Nationalkomitee einberufen, das unter dem Vorsitz von Bundesminister Dr. Martin Bartenstein stand.

Ich musste zu dieser Zeit die Ziele unseres Vereines „Arbeitsgemeinschaft Haus des Friedens", die ganz sicher auch meine eigenen waren, vertreten.

Eine wunderbare Erfahrung machte ich bei der ersten Sitzung im Arbeitskreis.

Ich hatte gerade in der Wohnung eine Baustelle, da ich eine Totalsanierung durchführen ließ. Keine Minute habe ich mich aus dem Haus getraut, weil so viel Unsinn gemacht wurde, den trotzdem _ich_ bezahlen musste. Doch an diesem Tag spürte ich, ich muss unbedingt zu diesem Arbeitskreis. Ich hatte das Gefühl, da werde ich gebraucht.

Mir fällt es immer noch schwer in der Öffentlichkeit zu reden, daher warte ich, ob mein Anliegen nicht von jemand anderem vorgebracht wird. Dieses Mal musste ich drei Mal reden und war die einzige, bei der applaudiert wurde und die als Teilnehmerin fotografiert wurde, außer den Referenten und Moderatoren selbstverständlich. In den Pausen wurde ich von Leuten umringt, um mir zu sagen, dass es ihnen gefallen hat, was ich gesagt habe.

Das war z.B.,

dass mir immer die Seele zu kurz kommt. „Wir brauchen in den Krankenhäusern mehr Menschen für Seelsorge davon ausgehend, dass der Mensch aus Leib UND Seele besteht. In den Krankenhäusern kümmern sich so viele Ärzte um den Leib des Menschen, aber so wenige, beziehungsweise meistens gar niemand, um die Seele des Menschen, obwohl es sehr oft die Seele ist, die die Krankheit auslöst." Auf die anderen zwei Vorschläge kann ich mich gar nicht mehr erinnern. Dass die drei Vorschläge in den Katalog aufgenommen wurden, war für mich das Zeichen, dass ich Gottes Ruf gefolgt war.

Ratschläge eines Sterbenden an seinen Begleiter
(Der Verfasser ist unbekannt.)

Ich glaube nicht, dass diese Ratschläge von einem sterbenden Menschen ausgesprochen wurden, sondern es stellte sich jemand vor, dass er diese Wünsche für die letzte Zeit vor dem Sterben haben wird. Trotzdem bin ich mit den meisten Bitten einverstanden, weil ich den Tod erlebt habe, aber nicht die Zeit davor - das Sterben.

1. Lass nicht zu, dass ich in den letzten Augenblicken entwürdigt werde. Das heißt, lass mich, wenn es irgendwie einzurichten ist, in der vertrauten Umgebung sterben. Das ist schwerer für dich. Aber es wird dich bereichern, Sterbebegleiter zu sein.

2. Bleibe bei mir, wenn mich jetzt Zorn, Angst, Traurigkeit und Verzweiflung heimsuchen. Hilf mir, zum Frieden hindurch zu gelangen.

3. Denke dann nicht, wenn es so weit ist und du hier ratlos an meinem Bett sitzt, dass ich tot sei. Das Leben dauert länger, als Ärzte sagen. Der Übergang ist langwieriger, als wir bisher wussten. Ich höre alles, was du sagst, auch wenn ich schweige und meine Augen gebrochen scheinen. Drum sag jetzt nicht irgendwas, sondern das Richtige. Du beleidigst nicht mich, sondern dich selbst, wenn du jetzt mit deinen Freunden belanglosen Trost erörterst und mir zeigst, dass du in Wahrheit nicht mich, sondern dich selber betrauerst, wenn du nun zu trauern beginnst. So vieles, fast alles ist jetzt nicht mehr wichtig.

4. Das Richtige, was du mir jetzt sagen möchtest, wenn ich dich auch nicht mehr darum bitten kann, wäre zum Ersten das, was es mir nicht schwer, sondern leichter macht, mich zu trennen. Denn das muss ich. Ich wusste es auch längst, bevor du oder der Arzt es mir mit euren verlegenen Worten eröffnet hattet. Also sag mir, dass ihr ohne mich fertig werdet. Zeig mir den Mut, der sich abfindet, nicht den haltlosen Schmerz. Mitleid ist nicht angebracht. Jetzt leide ich nicht mehr. Sag mir, dass du das und das mit den Kindern vorhast und wie du dein Leben ohne mich einrichten wirst. Glaub nicht, es sei herzlos, das jetzt zu erörtern. Es macht mich freier.

5. Das Richtige, was du mir jetzt sagen möchtest, wenn ich dich auch vielleicht nicht mehr darum bitten kann, wäre das Wort, aus dem ich gelebt habe. Wenn nichts bleibt vom Leben auf Erden, so sind es doch diese Worte. Und wenn sie nicht Wort geworden wären in unserem Leben, so musst du jetzt versuchen, sie zu finden. Hat sie es nicht gehabt, so hat unsere Liebe doch immer auf ihr Wort gehofft. Vielleicht war es ein einziger Bibelvers, aus dem wir lebten ein Leben lang, ein einziger, der unser Suchen jetzt zusammenfasst. Versuch ihn zu finden und mir ins Ohr zu sagen. Ich höre.

6. Ich höre, obwohl ich schweigen muss und nun auch schweigen will. Halte meine Hand. Ich will es mit der Hand sagen. Wisch mir den Schweiß von der Stirn. Streich die Decke glatt. Bleib bei mir. Wir sind miteinander verbunden. Das ist das Sakrament des Sterbestands. Wenn nur noch die Zeichen sprechen können, so lass sie sprechen.

7. Dann wird das Wort zum Zeichen. Jetzt hättest du mehr von mir zu lernen, als ich von dir. Ich blicke schon durch die Tür. Jetzt, da ich davongehe, wünsche ich, dass du beten kannst, das heißt, das Gute erkennst, das Gott uns jetzt schickt. Klage nicht an - es gibt keinen Grund. Sage Dank - ich werde Gott schauen. Und dir wird es auch geschenkt werden.

8. Morgen, wenn sie dich nicht mehr allein lassen mit mir, sorge dafür, dass der Ton dieser Stunde zwischen uns nicht verloren geht. Lass die ehrenden Worte auf der Anzeige, den Aufwand auf dem Friedhof. Das alles erreicht mich nicht mehr.

9. Und wenn dir mein Sterben ferner und ferner rückt, die letzten Kondolenzen beantwortet sind und du, wie es jedermann erwartet, in Trauer zurückfallen sollst, so wehre dich mit aller Kraft. Das viele Trauern in der Welt ist nur die andere Seite unseres Unglaubens, und das Schlimmste ist, dass gerade die meisten Christen Ernst mit Traurigkeit verwechseln und von der Sonne singen, ohne zu leben. Du sollst von mir wissen, dass ich der Auferstehung näher bin als du selbst.

10. Nimm mit dir mit, was wir zusammen erlebt haben, als ein kostbares Vermächtnis. Lass mein Sterben dein Gewinn sein, wie das Sterben unseres Heilandes unser Gewinn ist. Leb dein Leben fortan ein wenig bewusster als dein Leben vor dem Tod. Es wird schöner, reifer und tiefer, inniger und freudiger sein, als es zuvor war, vor meiner letzten Stunde, die meine erste ist.

Wenn es soweit sein wird mit mir
(Dichter ist unbekannt)

Wenn es so weit ist mit mir,
brauche ich den Engel in dir.

Bleibe still neben mir in dem Raum,
jag' den Spuk, der mich schreckt, aus dem Traum.
Sing ein Lied vor dich hin, das ich mag
und erzähle, was war manchen Tag.

Zünd ein Licht an, das die Angst mir verscheucht,
mach die trockenen Lippen mir feucht.
Wisch mir Tränen und Schweiß vom Gesicht,
der Geruch des Verfalls schreck dich nicht.

Halt ihn fest, meinen Leib der sich bäumt,
halte fest, was der Geist sich erträumt.
Spür das Klopfen, das schwer in mir dröhnt,
nimm den Lebenshauch wahr, der versöhnt.

Wenn es so weit sein wird mit mir,
brauche ich den Engel in dir.

Wertschätzender Umgang mit verwirrten Menschen

„Wertschätzung" wird uns wahrscheinlich in die Wiege gelegt, aber auch von den Eltern vermittelt. Mein Vater hat sie mir schon als Kind beigebracht. Er erklärte mir zum Beispiel, dass verwirrte oder teilnahmslos scheinende Menschen nicht dumm sind, sondern sich in diesem Moment in einer anderen Zeit ihres Lebens bewegen. Es spielt dabei keine Rolle, wie alt diese Leute sind. Es ist wichtig, dass man sich durch Wahrnehmungen und Einfühlungsvermögen, auf ihre Situation einstellen kann. Er meinte, man müsse versuchen diesen Menschen da zu begegnen, wo sie selber gerade sind.

Inzwischen weiß ich, bei alten Menschen nennt man diesen Zustand der Vergesslichkeit und Verwirrtheit: „Demenz", bei jüngeren ist es eine Krankheit, die Alzheimer heißt.

Warum in einer anderen Zeit?
Das Kurzzeitgedächtnis lässt nach und das Langzeitgedächtnis funktioniert noch, daher erleben die Gesprächspartner meistens ihre Kindheit und Jugend wieder.
Verletzungen aus der Vergangenheit werden aus dem Unterbewusstsein verarbeitet.

Naomi Feil hat aus diesem Thema einen Lehrgegenstand gemacht und nennt ihn: „Validation". Validation heißt auf Deutsch: „Wertschätzung".

Um verwirrte Menschen besser zu verstehen, kann man sich Folgendes vorstellen. Ich glaube, es gibt kaum einen Menschen, der nicht schon einmal aus dem Schlaf gerissen wurde und plötzlich nicht wusste, wo er sich gerade befindet.
Ich hatte als ich fünfundvierzig Jahre alt war, folgendes Erlebnis. Meine ältere Tochter und ich waren kurz

hintereinander dreimal auf Urlaub. Einige Wochen danach wurde ich nachts wach, setzte mich in meinem Bett auf und wusste nicht, wo ich gerade bin. Durch die Straßenbeleuchtung war es nicht ganz finster, sodass ich die Umrisse der Bilder an der Wand und der Möbel erkennen konnte, aber nicht die Tapete oder den Möbelstoff. Ich sah mich um und dachte: „Mein Gott, ist es hier gemütlich, strahlt dieser Raum eine Wärme und Harmonie aus, da würde ich gerne wohnen. Als ich mich weiter darauf konzentrierte, wo ich war, kam mir ins Bewusstsein: „Ich wohne hier! Das <u>ist</u> mein Zuhause!"

Seither habe ich für verwirrte Menschen noch mehr Verständnis. Trotz Ausbildung bei Naomi Feil und anderen Seminaren in diese Richtung, konnte ich es mir nicht richtig vorstellen wie es verwirrten Menschen geht. Nun habe ich es aber selber erlebt.

Um verwirrten Menschen dort begegnen zu können, wo sie gerade stehen, bedarf es einiger Information.
Wir sollten uns ein Wissen über andere Zeiten und Gebräuche aneignen. Wir können das:

> Indem wir uns erzählen lassen.

> Bei Verwandten über die Lebensgewohnheiten in der Vergangenheit nachfragen.

> Fotos aus der Vergangenheit gemeinsam anschauen, dabei fragen und sprechen lassen.

> Beruf der Eltern, Anzahl der Geschwister und in welcher Reihenfolge.

> Hat Wohlstand oder Armut geherrscht.
> Gab es genug zu essen oder musste man sich beim Essen beeilen, um nicht zu kurz zu kommen?

Durfte unser Angehöriger oder Weggefährte eine eigene Meinung haben oder wurde er von anderen, wenn ja, von wem, beherrscht?

Körperpflege als Kind, junge Frau oder Mann, und im Alter.

Welche Bade- und Waschmöglichkeit gab es?

Welche Licht- und Heizquellen wurden verwendet?

Lieder aus der Kindheit unserer Weggefährten sind sehr oft eine Hilfe bei dementen Menschen, da Musik bekanntlich tiefer geht und die Gefühle angesprochen werden.

Der Sprachgebrauch (Dialekt) kann sehr aufschlussreich sein.

Bei der Kriegsgeneration spielen die Kriegs- und Nachkriegserlebnisse eine wesentliche Rolle.

Was mir noch sehr wichtig erscheint ist, dass besonders verwirrte Menschen spüren, wenn man sie nicht ernst nimmt oder gar verspottet. So ein Benehmen ist in meinen Augen ein sehr schweres Vergehen auch bei gesunden Menschen, aber noch schwerwiegender bei abhängigen Menschen.

Eine Begleiterin von unserem Verein „Arbeitsgemeinschaft Haus des Friedens", machte Besuchsdienst in einem Altenheim. Dabei wurde ihr einmal eine alte Frau ans Herz gelegt mit den Worten, wir haben Probleme mit dieser Frau, weil sie so ordinär ist. Nach einigen Besuchen wusste unsere Begleiterin was die Pflegerin mit „ordinär" gemeint hat.

Die alte Frau war früher eine Bäuerin die Worte verwendete, welche junge Menschen in der Stadt als ordinär bezeichnen, weil sie nicht wissen, dass man früher Ausdrücke verwendete, die damals bei den Bauern aber nicht als ordinär gegolten haben, sondern alltäglich im Ge-Brauch waren. Ein Wort davon war „soachen", was so viel wie „urinieren" heißt.

Ich bin der Meinung, Wertschätzung sagt schon, dass ein Mensch der anders reagiert als wir, nicht weniger wert ist, als wir selber. Sehr oft ist das Gegenteil der Fall. Die Betreuerin des beschriebenen Altersheimes dürfte ihren Beruf verfehlt haben, weil sie nicht auf die Idee kam, herauszufinden, warum diese alte Frau solche Worte verwendete. Das hat überhaupt nichts mit primitiv oder ordinär zu tun, sondern ganz einfach mit Brauch, Umfeld und Gewohnheit.

So hat mir jemand erzählt, dass sein Vater immer in einen Kübel uriniert und diesen auf den Kasten stellt. Er machte große Augen als ich ihm erklärte, dass ich mir vorstellen könnte, sein Vater macht mit dem Kübel das gleiche, das er oder seine Eltern früher mit seinem Nachttopf gemacht haben.

Sehr oft kommen Menschen zu mir, weil sie von ihrer Mutter oder ihrem Vater nicht erkannt werden. Einmal war eine Frau ganz bestürzt, weil ihre Mutter sie nicht erkannte und mit dem Gehstock auf sie eingeschlagen hatte. Man muss sich vor Augen halten, was in dem betreffenden dementen Menschen vor sich gehen kann, um ihn zu verstehen. Demente Menschen verarbeiten ihre Vergangenheit und oft ist es das, was ihnen Kummer und Sorgen, Ängste und Not bereitet hat, weil sie es früher verdrängt haben. Doch, wenn der Geist nicht mehr kontrollierbar ist, kommt es an die Oberfläche, wie bei einem Betrunkenen. Es ist auch oft die Kindheit, da man sich als Kind nicht wehren konnte.

Nun stellen Sie sich vor, der alte Mensch durchlebt gerade seine Pubertät. Da hatte er noch kein Kind, also kann er auch jetzt sein Kind nicht erkennen. Oder er will wie als Kind schlagen oder sich wehren, z.B. mit dem Gehstock, dabei erkennt er nicht, dass er auf die eigene Tochter schlägt.

Es ist schon traurig, wenn die Eltern das Elternsein verloren haben und wie ein Kind sind, welches uns gar nicht erkennt.

Mit verwirrten Menschen denen es im Moment gut geht, habe ich kein Problem, weil ich ganz einfach auf ihr Gespräch eingehe. Schlimm wird es für mich, wenn jemand gerade eine Zeit durchlebt, in der es ihm schlecht ging. Da bemühe ich mich, ihn gefühlvoll herauszuholen. Über mein bewegenstes Erlebnis mit einer dementen Frau habe ich im Infoblatt der ARGE Haus des Friedens geschrieben. Sie lesen es einige Seiten weiter unter: Altensonntag.

Über Validation

Validation unterstützt den Begleitenden beim Umgang mit dem sehr alten, desorientierten Menschen, der seinen Gefühlen freien Lauf lässt.

Validation akzeptiert den Menschen dort, wo er gerade steht.

Validation erklärt die Ursache von Gefühlen.

Validation unterstützt den sehr alten Menschen, SEIN Ziel - nicht unseres - zu erreichen.

Validation heißt: den sehr alten Menschen, der in der Vergangenheit lebt, zu akzeptieren und ihm zu helfen, die ungelösten Konflikte der Vergangenheit auszutragen.

Die Grundprinzipien: Jeder Mensch ist anders und wertvoll, wie desorientiert er auch sein mag. Es gibt für jedes Verhalten einen Grund. Der Begleiter muss sich einfühlsam in die Ursache des Verhaltens versetzen. Sehr alte Menschen müssen mit ihrem Leben ins Reine kommen, um in Frieden zu sterben. Sie erleben die Vergangenheit nochmals, um ihr Leben abzurunden und zu rechtfertigen. Wenn emotionale Erinnerungen bestätigt werden, gewinnen alte Menschen ihre Würde wieder. Mit Einfühlungsvermögen („in den Schuhen des anderen gehen") fängt der Begleiter ihre Signale auf und hilft, ihre Gefühle in Worte zu kleiden. Das bringt Selbstwertgefühl. Er teilt ihre Erinnerungen, sieht mit ihren Augen, hört mit ihren Ohren und unterstützt ihren Körperrhythmus.

Desorientierte Menschen besitzen eine intuitive Weisheit. Sie „sehen" „die Qualität von Berührungen": herabsetzende, respektvolle oder warme.

Der Begleiter gebraucht keine autoritären Worte wie „sollen" oder „müssen".

Auch keine Fragen, bei deren Antwort der Begleitete nachdenken muss, weil er damit überfordert wäre.

Die Anforderung an den Begleiter verlangen Wertfeststellung und das Stecken von Validationszielen, um eine Überforderung bzw. Frustration zu vermeiden.

Altensonntag
(1994)

Wie jedes Jahr war dieser Nachmittag wieder ein fröhliches Fest in der Pfarre geworden. Vorher war noch die Messe für die „Alten und Kranken". Als ich die vielen Leute beim Altensegen betrachtete, wanderten meine Gedanken in die Vergangenheit. Zwei Wochen vorher habe ich meine „Weggefährtin" verloren. Sie wurde nach ihrem Wunsch meine Wahltante.

Im 84. Lebensjahr war sie, als sie verstarb. Seit dreieinhalb Jahren besuchte ich sie. Einen Tag im Monat fuhr ich siebzig Kilometer zu ihr nach Wiener Neustadt. Der Tag gehörte ihr. Ich machte mit ihr Ausflüge oder wir besuchten ihre Verwandten. Zu Weihnachten holte ich sie nach Wien. Vor ca. einem Jahr erkrankte sie und ich fuhr fast wöchentlich zu ihr nach Wiener Neustadt. Warum ich mir gerade jemanden aussuchte, der so weit weg wohnt? Ich denke, das war Gottes Wille und zwar aus folgendem Grund: Vor sechs Jahren hatte ich bei einem Unfall zwei Nahtoderlebnisse, die mir die Angst vor dem Tod nahmen. Ich dachte seitdem, ich könnte Menschen beim Sterben trösten und meldete mich beim Verein: „Arbeitsgemeinschaft Haus des Friedens", dessen Mitglieder ehrenamtlich „Sterbebegleitung" machten. Wir haben es inzwischen in Lebensbegleitung bis zum Tod umbenannt.

So hat es sich ergeben, dass es mir eines Tages in den Sinn kam, die Mutter meines Kletterpartners, der vor über achtzehn Jahren verunglückte, in Wr. Neustadt zu besuchen. Aber ich fand das Haus, in dem er damals wohnte, nicht mehr. Alles sah anders aus als früher (ich war seit über 10 Jahren nicht mehr dort). Ich wollte das Grab aufsuchen, um zu sehen, ob auf dem Grabstein schon das Sterbedatum der Mutter stand. Auf dem großen Friedhof fand ich es nicht mehr. Die Friedhofsverwaltung durfte mir keine Adresse geben, also suchte ich den damaligen Chef meines Freundes auf. Dieser konnte sich an seinen Mitarbeiter erinnern und ließ von seinem Steuerberater die Akte ausheben. Aber so lange zurück hatte auch der sie nicht mehr.

In der Meditation kommen mir immer die besten Ideen. Dieses Mal war es jene, eine Bekannte aus dieser Zeit um Hilfe zu bitten. Gemeinsam schafften wir es die Wohnung der Mutter meines toten Freundes zu finden. Ja, die lebt noch, sagten mir ihre Nachbarn, aber seit ca. drei Wochen im Altersheim. Also auf ins Altersheim. Nach vielen Irrfahrten fanden wir es.

Endlich klopfte ich an die Tür, auf der ihr Name stand. Die Tür ging auf - sie stand vor mir - sah mich an und - ihr Gesicht begann zu strahlen. „Wer kommt denn da?" rief sie erfreut. Diese Frau kann mich doch nicht auf Anhieb erkennen, dachte ich und fragte sie, ob sie wirklich wüsste, wer ich sei. „Na freilich, die Ilse" rief sie aus, worauf wir uns beide wortlos umarmten.

Anfangs konnte sie nicht glauben, dass ich wieder kommen würde. Aber nach einigen Besuchen war es ihr selbstverständlich geworden. Sie war auch schon vergesslich. Ich musste ihr immer auf einen Zettel schreiben, wann ich wieder komme. Doch diesen Zettel hatte sie mit Regelmäßigkeit verlegt. Also schrieb ich ihr zusätzlich einige Tage vor dem Besuch eine Ansichtskarte mit einigen, wie ich denke, lieben Worten und wiederholte den Besuchstermin. Als sie dann ein Telefon hatte, war es leichter. Aber sie hatte es auch leichter, mich zu drängen öfter zu kommen. Auch verlegte sie dauernd alle Telefonnummern. Ich kaufte ein Telefonbüchlein, in das ich die Nummern aller Verwandten eingeschrieben habe, und das sie leichter wieder finden konnte. Wenn schlechtes Wetter war, sahen wir Fotos an, die ich aus dem Heimkeller holen ließ. Ich habe sie aufgehoben und muss sie einmal zählen, wie viele es sind. Ich glaube einige hundert, kunterbunt durcheinander, auf einige Nylonsackerl verteilt.

Ihre Vergesslichkeit wuchs rapide nach ihrem ersten Krankenhausaufenthalt. Einmal sagte sie zu mir: „Günter hatte doch eine so liebe Freundin, hat er sie geheiratet?" Sie konnte nur mich meinen, aber das wusste sie in diesem Moment nicht. Als es ihr schon sehr schlecht ging, empfing sie mich mit den Worten: „Dich habe ich mit Günter gesehen, dich kenne ich." Günter war ihr längst verstorbener Sohn.

Oft war es schlimm mit ihr, weil der Kummer und die Sorgen, die sie in jungen Jahren hatte, wieder gegenwärtig wurden. Und noch öfter hatte sie Angst, ich würde mir einen Mann nehmen und nicht mehr kommen.

Eines Tages traf ich sie ganz traurig an. Sie fragte mich: „Hast du es auch in der Zeitung gelesen?" Diese Frage hat mich aus folgendem Grund bis ins Herz getroffen. Ihr Sohn Günter war zweimal beim Klettern abgestürzt. Beim ersten Mal hat er sich durch glückliche Umstände nur eine Hand gebrochen. Sein zweiter Absturz war jedoch tödlich und beide Unfälle standen in der Zeitung. Ich dachte, sie wäre eben geistig in dieser Zeit. Dem war aber nicht so. Sie war der Meinung in der Zeitung, die am Kästchen lag, gelesen zu haben, ihr Sohn Günter hätte jemanden ermordet. Ich fand in dieser Zeitung nichts davon. Sie erzählte mir, er hätte sich von einem Bekannten Geld ausgeborgt, aber anstatt es zurückzubringen, hat er den Bekannten und dessen Frau in deren Haus ermordet. Sie wollte unbedingt, dass ich ins Gefängnis fahre und nachfragen solle, wie es ihrem Sohn im Gefängnis ginge und ich solle ihm Zigaretten bringen. Wie bei den meisten verwirrten alten Menschen weiß man nicht sofort, in welchem geistigen Zustand sie gerade sind. Ob sie gerade im „Hier und Jetzt" sind, oder in einem anderen Abschnitt ihrer Vergangenheit.

Wie ich schon geschrieben habe, braucht man dafür viel Einfühlungsvermögen. Erst erklärte ich ihr, dass ihr Sohn gerne einen über den Durst trinke, aber so gutmütig sei, dass er niemandem etwas zuleide tun könne. Das bestätigte sie mir auch. Als sie aber nicht locker ließ, fragte ich: „Günter ist dein Sohn?" „Ja", war ihre Antwort.
ICH: „Er ist gerne geklettert?"
SIE: „Ja!" Ich machte dazwischen immer eine Pause und habe langsam gesprochen. Meine nächste Frage:
„Er ist beim Klettern abgestürzt?"
SIE: „Ja"
ICH: „Er ist tot?"
SIE: „Ja!"
ICH: „Da kann er nicht im Gefängnis sein?"
Kurze Pause. Dann sagte sie: „Was hat das eine mit dem anderen zu tun?"

Nun wusste ich, dass sie nicht realisieren konnte, dass ein toter Mensch nicht töten oder im Gefängnis „sitzen" kann. Im Gespräch, das wir rundum noch führten, fühlte ich, dass sie fest an dieser Situation klammert und ich sie nicht wegbringen kann. Ich sagte ihr deswegen, dass ich ins Gefängnis fahren und unterwegs Zigaretten kaufen werde, um sie Günter zu bringen. Dann holte ich mir im Café, in dem ich oft mit ihr gesessen bin, einen Kaffee und setzte mich in eine ruhige Ecke mit einer Zeitung vor dem Gesicht, damit niemand sehen konnte, was ich fühlte. Die Serviererin fragte nach meiner Tante und als ich ihr von diesem Vorfall erzählte, war sie der Meinung, ich solle wieder zur Tante aufs Zimmer gehen, die hätte das inzwischen sicher vergessen. Ich kannte aber meine Tante doch inzwischen so gut, dass ich wusste, so würde es nicht sein. Ich zweifelte an meinen Fähigkeiten und dachte: „Nun habe ich Validation gelernt und weiß trotzdem nicht, wie ich mit der jetzigen

Situation umgehen soll." Hinter der Zeitung konnte ich aber meditieren und hatte eine geniale Wahrnehmung. Mir kam in Erinnerung, dass vor vielen Jahren - es könnte kurze Zeit nach dem Tod meines Kletterpartners gewesen sein - wirklich ein junger Bursch mit dem gleichen Familiennamen meines Freundes einen Einbruch machte und dabei ein Ehepaar getötet hatte. Mir war klar, dass sie damals vielleicht von Leuten ihrer Umgebung gefragt wurde, ob das ihr Sohn war. Ich kann mir vorstellen, dass das im Herzen einer Mutter hängen bleibt und in der Verwirrtheit an die Oberfläche kommt.

Ich wusste nun, wie ich mich verhalten musste. Ich ging zu ihr auf das Zimmer. Schon beim Eintreten fragte sie mich, wie es ihrem Sohn im Gefängnis ginge. Ich erklärte ihr, dass ich mit dem Gefängnisdirektor geredet habe und er hat gesagt, das sei ein Missverständnis, das wäre nicht Günter gewesen, sondern ein anderer junger Mann mit dem gleichen Familiennamen. Sie war hocherfreut und wollte aus dem Bett, um ihre Verwandten anzurufen. „Das habe ich schon vom Telefon beim Eingang gemacht", sagte ich spontan. „Mein Gott bist du lieb!" war ihre Antwort. Dann wollte sie wieder aufstehen und mit dem Verwalter des Heimes sprechen, denn dem müsse man das sagen, war ihre Reaktion. „Das habe ich auch schon getan", erwiderte ich, was sie allerdings nicht akzeptieren wollte. Also hakte ich nach mit der Aussage: „Der Verwalter ist nicht mehr hier. Ich habe ihn beim Eingang getroffen, als er gerade wegging, da habe ich ihm das gleich mitgeteilt. Er freute sich und lässt dich schön grüßen." Wieder lobte sie mich und ich hatte dabei ein schlechtes Gewissen, weil ich doch das alles gar nicht gemacht habe.

Oft hatte sie nun schlechte Erinnerungen, aus denen ich sie herausholen konnte, weil mir ihr Sohn - obwohl wir uns schon acht Jahre kannten - einige Wochen vor seinem tödlichen Unfall davon erzählte. Da sind wir

wieder beim Übersinnlichen. Günter hat mir oft und viel von sich erzählt. Doch erst vier Wochen vor dem Unglück erzählte er mir das Wesentliche. Wir saßen in einer kleinen Höhle mitten in einem schwierigen (6er) Steig, an dem er vier Wochen später abgestürzt ist. Er sagte: „Ich erzähle dir jetzt etwas, was ich noch niemandem erzählt habe." Es waren Erlebnisse aus seiner Jugend, die mir geholfen haben, seine Mutter einige Male aus ihrer Traurigkeit herauszuhelfen.
ALS SIE NICHT MEHR AUS IHRER TRAURIGKEIT HERAUS KAM, LIESS GOTT SIE STERBEN.

Obwohl ich weiß, wenn es hier auf Erden noch so schön ist, im Tod ist man geborgen - bin ich doch traurig, sie nicht mehr in meinen Armen halten zu dürfen. Nicht mehr ihre kalten Hände (sie hatte immer kalte Hände) wärmen zu dürfen. Wenn sie mitten im Satz sagte, so hilf mir doch weiter..... jetzt braucht sie meine Hilfe nicht mehr. Sie hat eine Lücke hinterlassen. Ich muss die Traurigkeit erst verarbeiten.

Wenn jemand fragt was man mir dafür bezahlt hat, kann ich nur antworten, dass ich sehr reich belohnt wurde. Beim Begräbnis sagte eine Nichte meiner Wahltante zu mir: „Was sie für unsere Tante getan haben, ist einmalig." Wäre das mit Geld oder Gut abzugelten?

Mit Gewalt am Leben erhalten

Immer öfter höre ich davon und konnte es auch am Montag den 11. Mai 1997, in Konflikte bei Herrn Schiejok sehen, dass Familienangehörige ihre Eltern mit Gewalt das Leben verlängern wollen. Als Christin bin ich der Meinung, wenn Menschen auf Dauer (ganz besonders ein alter Mensch) mit einem Schlauch die Speisen in den Magen gepumpt bekommt, sein Harn durch einen Dauerkatheder abrinnt, er alle zwei Stunden „gewendet" werden muss, womöglich nicht mehr selber atmen kann und von dem allen nichts mehr mitbekommt, weil seine Lebensuhr abgelaufen ist, so hat er ein RECHT auf ein gottgewolltes, menschenwürdiges Sterben.

Wird Menschen künstlich das Leben verlängert, hat das meiner Meinung nach nichts mit Liebe und Ehrfurcht vor dem Leben zu tun. Der Grund dafür ist meist, ein hohes Pflegegeld zu kassieren. Das ist Sünde und für mich ein Verbrechen an dem Mitmenschen. Denn Gott macht ganz deutlich, dass dieser Mensch sein Leben gelebt hat.

Nicht töten! Sondern nach Gottes Willen sterben lassen. Ein Leben künstlich zu verlängern, ist genauso Sünde, wie künstlich zu verkürzen. Gott ließ mich den Tod „überleben", daher weiß ich, dass sterben, wenn von Gott gewollt, schön ist. Ich fühle mich berufen und verpflichtet, Familienangehörigen beizustehen, wenn sie ihre Lieben bis zum Tod begleiten. Die Zeit der Begleitung ist oft die wertvollste Zeit im Leben - mit dem Menschen, den man lieb hat.

Euthanasie

Künstlich am Leben zu halten, ist für mich genauso falsch wie töten. Sterbehilfe wird es oftmals genannt. Ich glaube aber nicht, dass Euthanasie beim Sterben hilft, sondern nur zum Sterben verhilft. Das ist für mich ein riesengroßer Unterschied.

Zum Sterben verhelfen ist töten.
Beim Sterben helfen ist begleiten.

Begleiten und geleiten bis zur Schwelle des Todes. Den Schritt ins Danach muss jedes Lebewesen selber gehen. Darum denke ich, wir müssen unter allen Umständen das Leben „ausklingen" lassen, damit es harmonisch in die Ewigkeit gelangen kann.

Euthanasie ist Mord. Mord wiederum lässt die Seele des Mordenden abstürzen.
Sich selber die tödliche Injektion geben heißt Selbstmord. Wie sieht es da im Jenseits aus? Durch meine Erfahrungen mit dem Tod denke ich einerseits, dass wir die Evolution abschneiden, das heißt der vorgegebene Kreislauf wird unterbrochen. Als Christin sage ich: „Es ist ein Handeln gegen Gottes Willen." Gegen Gottes Willen zu handeln heißt wiederum, den Strom der göttlichen Harmonie zu stören.

Vor einigen Jahren habe ich mir an einem Sonntag im Fernsehen eine Diskussion über Euthanasie angesehen. Als Paradebeispiel wurde über einen „Euthanasiefall", welcher in der Schweiz durchgeführt wurde und einige Wochen vor der Sendung in Kärnten vor Gericht stand, gesprochen. Vor allem, ob auch in Österreich Euthanasie gesetzlich erlaubt werden soll. Ich frage mich, ob den Menschen, die diese gesetzliche Erlaubnis wünschen, bewusst ist, wie viel Liebe und Menschenwürde dadurch verloren geht!

Anstatt Euthanasie zu erlauben, sollten wir Liebe lehren. Angefangen in den Kindergärten, Schulen und nicht zu vergessen, in den Kirchen, wo viel darüber gesprochen wird und wenig ausgelebt. Wo in manchen Fällen die Liebe zu leben, sogar verboten oder geächtet wird. Wie z.B. für geschiedene und wiederverheiratete Christen oder für röm. kath. Priester.

Statt dem Bundesheer sollte das „freiwillige soziale Jahr" für Mädchen und Burschen Pflicht werden. Wir hätten sicher keine Not mehr an unentgeltlicher Pflegehilfe. Dadurch wären die Pflegekosten nicht so hoch. Was mir aber noch wichtiger erscheint: Dabei würden die jungen Menschen Menschenwürde lernen statt beim Bundesheer das Schießen.

Ich glaube auch, dass jeder Mensch fähig ist seinen Zeitpunkt des Todes zu wählen, oder zumindest wahrzunehmen, ohne sich selbst zu töten.

Das Leben ausklingen lassen! Sich Gott hingeben!

Bei der Diskussion wurde es auch einige Male angesprochen, dass man jederzeit Medikamente absetzen und nur Schmerzmittel nehmen kann, somit setzt der „Sterbe-Akt" ein. Ich wählte diesen Ausdruck, weil für mich der Tod der Höhepunkt des Lebens ist, wie auf einer Bühne der letzte Akt. So wie ich mein Leben gestalten kann, kann ich auch mein Sterben gestalten. Auch dann, wenn ich selber nicht mehr fähig bin, mich zu bewegen oder zu sprechen. Ich weiß aus eigener Erfahrung, dass man in der Stille Großes bewirken kann. Auch in der Stille des Sterbens – da besonders. Ich habe das auch beim Sterben meines Vaters erlebt.

Kardinal Christoph Schönborn schrieb vor einigen Jahren in einem Artikel über Euthanasie, dass erlaubte Euthanasie auf alte Menschen Druck ausüben würde.

Ich habe noch einige wichtige Faktoren hinzuzufügen. Ich bin der Meinung, dass der Druck nicht nur alte, Menschen treffen würde, sondern alle Menschen. Wir müssen nur weiter denken, wie das Leben dann ablaufen wird, wenn Euthanasie an der Tagesordnung ist. Durch den derzeitigen Straßenverkehr gibt es viele Unfälle mit jungen Menschen. Wenn sie nicht mehr ganz in Ordnung kommen, wird man sie als nicht vollwertig bezeichnen. Sie hätten Sorgen, dass man sie deswegen „entsorgt" oder „kaltstellt". Ich glaube, diese beiden Worte zeigen schon die Lieblosigkeit auf, die dann unser Lebensbild beherrschen würde. Statt mit Liebe für alte, behinderte oder kranke Familienangehörige bzw. andere Mitmenschen da zu sein, würde ein ungemütlich oder nicht arbeitsfähig gewordener Mensch abgeschoben. Dabei sind es oft gerade die schmerzvollen Zeiten, die dem Menschen Heilung durch die Liebe schenken können. Heilung vor allem an der Seele, die, wie die meisten von uns annehmen, ewig existiert. Die „gesunden" und „vollwertigen" Menschen lernen liebevollen, menschenwürdigen Umgang durch Mitmenschen welche ihrer Hilfe bedürfen. Ich glaube, in das sogenannte „Himmelreich" können wir nur durch die Liebe gelangen.

1993 hatten wir in unserer Pfarre einen Vortrag von „Alles Alltag", er nannte sich: „Brot der Liebe - Fürsorge für die alten Eltern" und ein wichtiger Teil war: „Euthanasie". Unser damaliger Pfarrer Stephan Schwarz meinte: „Euthanasie ist das Entsorgen von Menschen, die uns nicht mehr gut genug sind." Er hatte vollkommen recht.

Euthanasie ist Mord!
Entweder Selbstmord, wenn sich jemand selber tötet.
Anstiftung zum Mord, wenn eine andere Person dafür benutzt wird.

Und Mord von dieser Person, welche die Tötung ausführt.

Nachdem Gott den Zeitpunkt des Ablebens bestimmt, ist Euthanasie ein Sterben gegen Gottes Willen.
Ich glaube, gegen Gottes Willen zu handeln, stört gewaltig den göttlichen Kreislauf, das heißt, der Tote wird nicht in die Harmonie, die wir Christen Himmel nennen, eingehen. Allerdings glaube ich auch, dass man diesen Menschen wohl mit Gebeten, liebevollen Gedanken und Gefühlen helfen kann.

Was fördert den Wunsch nach Euthanasie?

Ich denke, da stehen an erster Stelle:
- langanhaltende starke Schmerzen.

Weiters:
- Pflegebedürftigkeit –
- Abhängigkeit von anderen Menschen.
- Angst vorm Sterbeprozess.
- Einsamkeit.
- Keinen Sinn im Leben finden bzw. Langeweile.

Solange wir jung und gesund sind, beobachten wir:
- Viele Menschen sterben einsam.
- Oft werden Menschen mit den Schmerzen allein gelassen.
- Die meisten alten Menschen sind in den Altersheimen ohne Partner und werden selten oder nie besucht.
- Sterbende werden in manchen Krankenhäusern in ein sogenanntes „Besenkammerl" geschoben.
- Verstorbene werden „ruck zuck" abgeholt,
- anstatt Zeit lassen zum Verabschieden.
- Verstorbene liegen im Sarg, der in einem kalten, unpersönlichen Raum - der Aufbahrungshalle steht.
  Ihnen fallen sicher noch einige Beispiele ein.

Das alles verursacht bei uns Angst, dass es uns auch einmal so ergehen wird. Also sollten wir jetzt schon entsprechend leben, damit unsere Kinder ein Vorbild haben und später so an uns handeln, dass wir lebenswert sterben können!

Begleitung statt Euthanasie.
Wie können wir dem Wunsch nach Euthanasie entgegenwirken?
- ✓ Oberste Priorität ist Liebe,
- ✓ dann kommt die Fürsorge, für jemanden sorgen.
- ✓ Begleiten ist ein großer Faktor, damit niemand nach Euthanasie fragt.
- ✓ Sich darum kümmern, dass die Schmerzen gestillt werden.

Wer einen guten Begleiter hat, wird niemals nach Euthanasie verlangen!

Zweieinhalb Wochen Pflegestation

Im Jahr 2008 hatte ich meiner Meinung nach dieses Buch fertig geschrieben und habe es an einen Verlag gesendet. Nachdem aber von diesem Verlag weder eine Zusage noch eine Absage kam, meinte meine jüngere Tochter: „Mama, vielleicht ist dieses Buch noch nicht fertig." Zu der Zeit wusste ich noch nicht, wie recht sie hatte. Bald darauf wurde ich wegen einer plötzlich eintretenden Drehschwindelattacke ins Krankenhaus gebracht. Ich war zweieinhalb Wochen im Krankenhaus und konnte insgesamt zwei Monate nicht richtig gehen, nicht Fernsehen oder lesen.

Nach der Erstversorgung blieb ich in der „Aufnahme" bis die Visite kam. Der Stationsarzt sah sich noch dies und jenes an, z.B. wie die Augen sich drehten, dann sagte er mir, dass ich stationär aufgenommen werde. Er fragte mich, ob er noch etwas für mich tun könnte. „O ja" antwortete ich. „Es wäre mir ein Anliegen mich selber zu waschen und wenn ich die Möglichkeit hätte, alleine aufs WC zu gehen." Dieser Wunsch wurde mir wirklich erfüllt. Ich bekam ein Bett nur ca. einen Meter von der Toilettentür entfernt. Da konnte ich mich mit einer Hand am Bett anhalten und mit der anderen die Tür öffnen und so in den Waschraum und WC gelangen.

Dieser Komfort hatte allerdings seinen Preis. Ich lag in der „Pflegestation" mit drei weiteren Frauen in einem Zimmer. Die drei Frauen waren von 87 bis 96 Jahre alt, ich war zu dieser Zeit 63 Jahre alt. Alle drei Frauen waren bettlägerig und teilweise geistig abwesend. Damit hätte ich kein Problem gehabt, aber damit sich die Frauen nicht wund lagen, hatten sie Matratzen, die Tag und Nacht von Motoren betrieben wurden. Mein Kopf, die Übelkeit, drei Motoren und eine Schwüle im Raum, (obwohl er ausgesprochen groß war) - da waren die Nächte lang und grausam.

Doch gelernt habe ich noch einiges - in diesen zweieinhalb Wochen. So z.B. war ich der Meinung, meine 92 jährige Nachbarin werde bald sterben. Aber nein, sie konnte mobilisiert werden und wurde wieder in ihr Heim zurück gebracht.
Ihre Nachfolgerin wurde am zweiten Tag wieder in häusliche Pflege übergeben, weil sie Krebs im letzten Stadium hatte. Zwei Tage bevor ich entlassen wurde, kam eine Frau mit fünfundsiebzig Jahren. Endlich ein Motor weniger.

Die Frau von vis-à-vis konnte auch wieder in ihr Heim gebracht werden. Statt ihr kam eine Frau, etwas älter als ich. Sie war noch da, als ich schon nach Hause konnte. Noch ein Motor weniger. Einen Tag nach ihrer Ankunft wurde ich endlich entlassen.

Sie werden nun denken, was war mit dem dritten Bett? Ja, diese Frau war schon einige Male auf dieser Station, kam, wenn es ihr besser ging immer wieder nach Hause und wurde von ihrem Mann und zwei ihrer Schwestern gepflegt. Kinder hatte sie keine.

„Uns tut diese Frau so leid", meinten einige Krankenschwestern, „sie kämpft mit dem Leben und kann nicht sterben". Täglich wurde ihr einige Male der Schleim abgesaugt, sie wurde mit künstlicher Nahrung ernährt, das ihr mit einer Pumpe in den Körper befördert wurde. Noch eine Pumpe im Zimmer, die Tag und Nacht ohne Unterlass Lärm machte. Wenn das Sackerl leer war, piepste der Motor mit einem schrillen Ton, aber die Schwestern hörten es trotzdem nicht. Schon gar nicht in der Nacht. Wenn ich es nicht mehr aushalten konnte, läutete ich und wenn eine Schwester oder ein Pfleger kam, sagte ich nur: „Frau .... piepst". Sie meinten ja, dass ich ihre Hilfe brauche, weil meine Glocke anschlug.

Um fünf Uhr dreißig wurde diese Frau und die anderen beiden gewaschen und gepflegt. Nicht, dass ich dabei schlafen konnte, denn ich hatte sowieso kurz vorher erst eingeschlafen. Das „amtierende" Pflegepersonal unterhielt sich laut und ohne dabei zu denken, dass eine Person, nämlich ich, da lag und nicht im Delirium war. Außerdem musste ich erst zum Frühstück um acht Uhr gepflegt sein.

Obwohl meine Körperpflege für mich anstrengend war, ich konnte mich ja nicht bücken und es war mir immerwährend elend und übel, war ich doch froh dass mich niemand, so wie am ersten Tag bei der Aufnahme waschen musste und dass ich nicht stündlich um die „Schüssel" bitten musste.

Sehr viel Kraft kosteten mir die Besucher der Mitpatientinnen. Um 11 Uhr waren die ersten da und die letzten gingen um 19 Uhr. Einmal blieb sogar jemand bis 21 Uhr. Einige brachten die Kinder mit. Bei einer Familie waren es 5 Kinder, die im Zimmer „Fangerl" gespielt haben.

Einmal kam eine junge Frau mit einem kleinen Kind und sagte zu einer der Frauen, die geistig nicht da waren: „Tante, jetzt bin ich mit dem Kleinen soweit gefahren und du schaust mich nicht einmal an." Sie können sich sicher vorstellen, was ich mir dabei dachte.

Die Schwestern und Pfleger waren sehr unterschiedlich. Manche waren sehr fröhlich und höflich. Andere konnten einfach gut mit Menschen umgehen. Sie wurden nicht erregt, wenn eine Patientin etwas brauchte und sie hatten gerade keine Zeit, sondern sagten nur gelassen, dass sie sofort kommen, aber im Moment nicht können.

Bei einem Pfleger warf ich einmal ein, als er eine Patientin anschnauzte: „Na, Na, Na." Darauf meinte er:

„Die ärgert mich doch." Worauf ich antwortete: „Das ist ihr Beruf, wenn sie damit nicht umgehen können, sollten sie einen anderen Beruf wählen." Er lächelte mich an und meinte: „Ja, sie haben recht." Wir sprachen dann darüber, wie er sich „abschotten" kann und ich versicherte ihm, dass mir klar ist, dass dieser Beruf nicht leicht ist und wohl etwas mit Berufung zu tun hat.

Köstlich empfand ich immer die Rufe von zwei der Frauen. Eine rief jedes Mal nach der Mutter und die andere nach ihrer schon toten Schwester und nach der Nichte, die Tochter der toten Schwester. Das habe ich von ihren Besuchern erfahren.

Die ersten Nächte habe ich auf die Rufe halb wie eine Begleiterin mit Validationskenntnissen und halb, wie man als Bettnachbarin reagiert, geantwortet: „Die kommt gleich, sie ist nur auf dem Klo." Das hat aber nicht funktioniert, bis mir bewusst wurde, dass das keine Erklärung für demente Menschen ist. Als ich dann immer mit: „Ich komme schon, ich bin am Klo." geantwortet habe, war jede der Frauen zufrieden.

Die Zeit im Krankenhaus und die Monate danach, bis ich wieder gesund war, waren für mich sehr lehrreich.

Mir ist in dieser Zeit auch bewusst geworden, weshalb kranke oder alte Menschen Medikamente horten. Kranke oder alte Menschen sind auf die Hilfe anderer Menschen angewiesen und es besteht dadurch die Möglichkeit und Angst, nicht rechtzeitig zum Arzt oder in die Apotheke zu kommen, um neue Medikamente zu besorgen.

Danke für jedes gute Wort

Nicht immer kommt ein „Danke" für unsere Begleitungen und Bemühungen. Doch manches Mal bekommt man aufmunternde Worte.

Ich möchte mich für jedes liebe und mutmachende Wort bedanken. Es ist richtig: „Der Mensch lebt nicht allein von Brot." Jedes liebe Wort ist für mich Nahrung und gibt mir Kraft, um das zu tun, was ich glaube, dass Gott von mir erwartet. Es ist gar nicht eine so große Leistung von mir, ich bin nur das Werkzeug Gottes, der mir durch seinen Segen zeigt, dass ich den richtigen Weg gehe.

Immer wieder, wenn ich am Verzagen bin, sendet er mir Zeichen, welche mir Kraft und Mut geben weiterzumachen. Das waren früher Anrufe unserer Begleiterinnen und Begleiter oder Anrufe von einzelnen Menschen die ich begleitet habe. Auch hochachtungsvolle Aufforderungen weiterzumachen von öffentlichen Stellen. Jetzt sind es Anrufe und Dankschreiben per eMail von Menschen, denen ich mit Blockadenablöse oder Begleitgesprächen helfen konnte. Ich freue mich darüber, obwohl ich weiß, dass es nicht meine eigene Leistung ist, sondern ich bin nur das Werkzeug Gottes. Ich werde nicht eingebildet, sondern Freude und Demut beseelt mich. Sie können sich sicher vorstellen, wie ich mich über Dankesworte aus Deutschland und den westlichen Bundesländer freue. In Wien und Niederösterreich ist es für mich wegen der Nähe verständlicher. Trotzdem tut es mir immer wieder gut zu hören, dass ich helfen konnte. Helfen in Fällen, wo Ärzte und Therapeuten nicht helfen konnten. Ist das nicht wunderbar? Zeigt mir Gott damit, dass er Freude an meinem Tun hat? Er gab mir doch diese Gabe, die zu einer meiner Lebens-Auf-Gaben wurde.

Autorin

Als Tochter eines Kaufmannes habe ich den Beruf als Einzelhandelskauffrau erlernt. Zehn Jahre später, schon als Mutter einer Tochter in Wien lebend, holte ich die Matura nach, machte den Bilanzbuchhalterkurs und schlug die Laufbahn als Steuerberaterin ein.

Durch meine eigenen zwei Nahtoderlebnisse bei einem Herzstillstand 1988, bekam ich eine andere Einstellung zum Umgang mit Tod und Trauer. Ich bin überzeugt: „Wer liebevoll mit dem Tod umgeht, geht auch liebevoll mit dem Leben um." Daher habe ich seit 1990 Seminare, Vorträge und Vorlesungen sowie Lehrgänge an der Uni Wien und anderen einschlägigen Akademien (einschließlich einer ärztlichen Prüfung in Deutschland) besucht/absolviert, welche alle dazu dienten, Menschen aus tiefen Krisen zu begleiten.

März 1992 bin ich dem eingetragenen Verein „Arbeitsgemeinschaft Haus des Friedens" beigetreten und von 1998 bis zur Auflösung des Vereines 2014, habe ich ehrenamtlich die Position als Obfrau übernommen. „Arbeitsgemeinschaft Haus des Friedens" war eine Arbeits-Gemeinschaft für Sterbe- und Trauerbegleitung nach Elisabeth Kübler-Ross. Zweck des Vereines war die Erarbeitung, Verbreitung und praktische Anwendung der Lebensbegleitung von Sterbenden und Menschen, die sich durch einen Todesfall in einer seelischen Krise befinden.

Seit 2009 übe ich den Beruf als Humanenergetikerin aus.

Trauerbegleitung biete ich weiterhin an.
Sterbende begleite ich, wenn jemand Angst vorm Tod hat. Beides nach wie vor ehrenamtlich, das heißt kostenlos.

Haben Sie schon meine anderen Bücher gelesen?

„Engel, Jenseitsbotschaften und anderes Außersinnliche"
Erfahrungen einer Lebens-, Sterbe- und Trauerbegleiterin

„Ich helfe Dir Deine Trauer zu lindern"
Unerträglichen Schmerz in Süße oder Liebesgefühle umwandeln

„Seelenpflege"
Meine Seele mein Ich

„Wunder Wahrnehmungen Eingebungen"
Kommunikation mit dem
Universum - Jenseits - Unterbewusstsein

„Unter allen Umständen, bis dass der Tod euch scheidet"
Ehe Liebe Sexualität

Quellennachweis

Leonard Burdin: „Der Weg ins Licht"